Mafalda 1

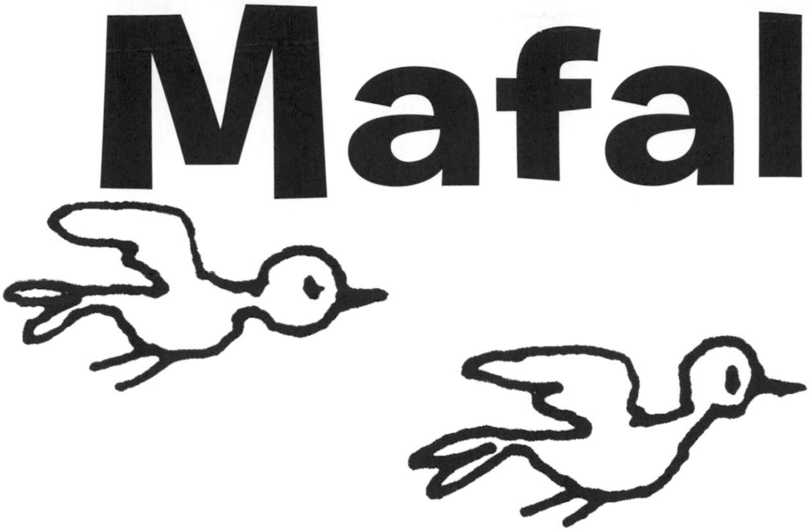

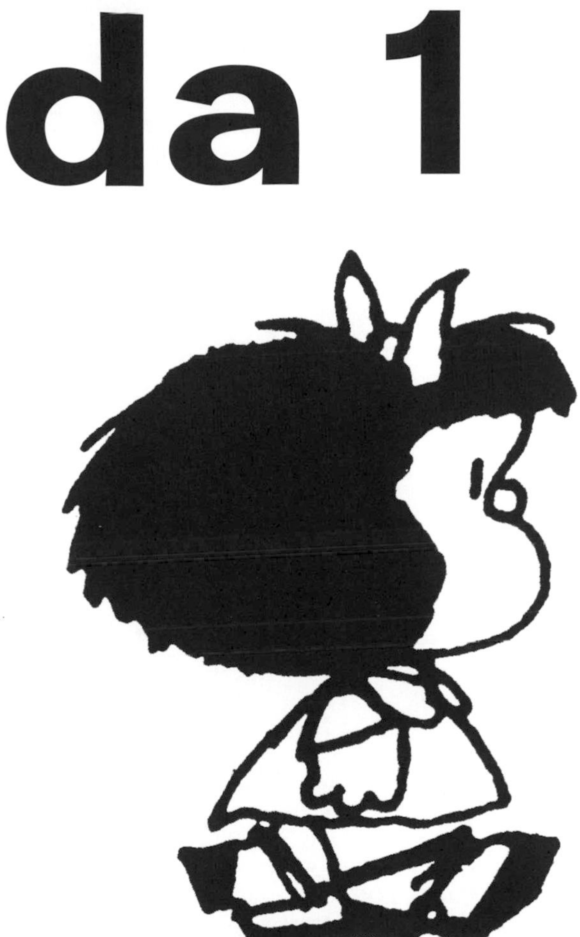

Quino

Lumen

LAS TIRAS QUE COMPONEN ESTE
LIBRO APARECIERON ENTRE MARZO
Y DICIEMBRE DE 1967, EN LOS DIARIOS
"EL MUNDO" DE BUENOS AIRES Y
"CÓRDOBA" DE CÓRDOBA (¡CLARO!)
© JOAQUÍN S. LAVADO, QUINO
EDITADO POR "PENGUIN RANDOM HOUSE
GRUPO EDITORIAL, S.A. DE C.V."
BLVD. MIGUEL DE CERVANTES SAAVEDRA 301,
PISO 1, COL. GRANADA, 11520, CIUDAD DE MÉXICO
PENGUINLIBROS.COM
IMPRESO EN MÉXICO. PRINTED IN MEXICO

¡IN MÉCSICO!

ISBN: 978-607-31-2135-4 Vol. 1. © 2014, sucesores de Joaquín Salvador Lavado (Quino) enero 2022 10a. reimpresión.
TODOS LOS DERECHOS RESERVADOS / ALL RIGHTS RESERVED. IMPRESO EN MÉXICO / PRINTED IN MEXICO
Venta exclusiva en México y no exclusiva en Estados Unidos de Norteamérica, Puerto Rico y todos los países de Centroamérica.

a Julián J.,
Miguel Brascó,
Alicia
y U-Thant

QUINO

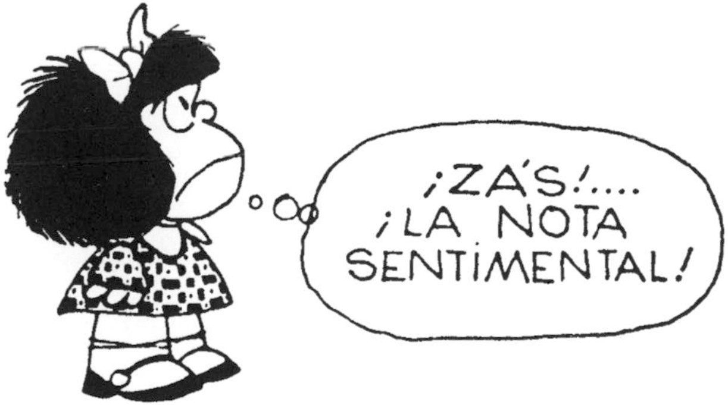
¡ZÁS!....
¡LA NOTA SENTIMENTAL!

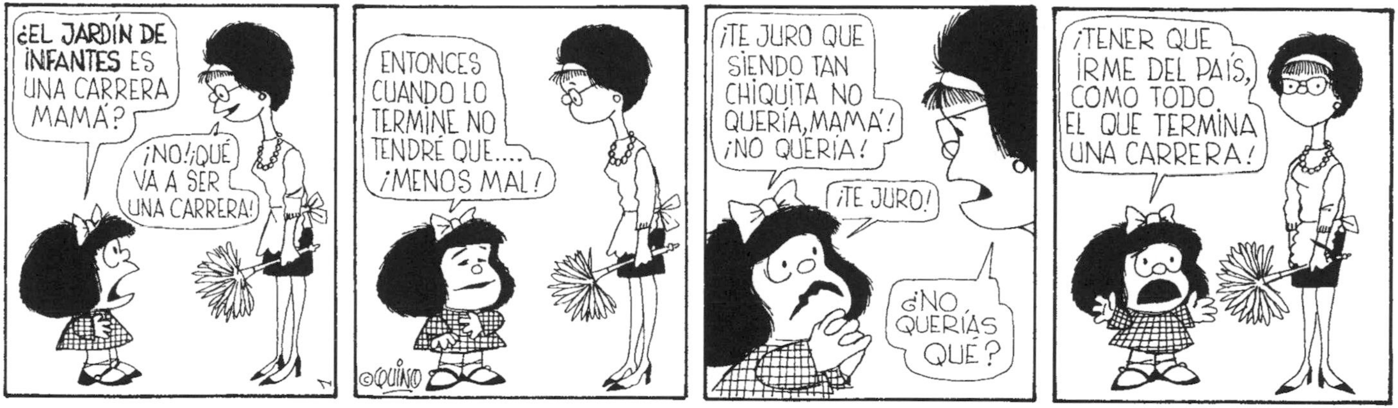
¿EL JARDÍN DE INFANTES ES UNA CARRERA MAMÁ?
¡NO! ¡QUÉ VA A SER UNA CARRERA!
1
ENTONCES CUANDO LO TERMINE NO TENDRÉ QUE.... ¡MENOS MAL!
©QUINO
¡TE JURO QUE SIENDO TAN CHIQUITA NO QUERÍA, MAMÁ! ¡NO QUERÍA!
¡TE JURO!
¿NO QUERÍAS QUÉ?
¡TENER QUE IRME DEL PAÍS, COMO TODO EL QUE TERMINA UNA CARRERA!

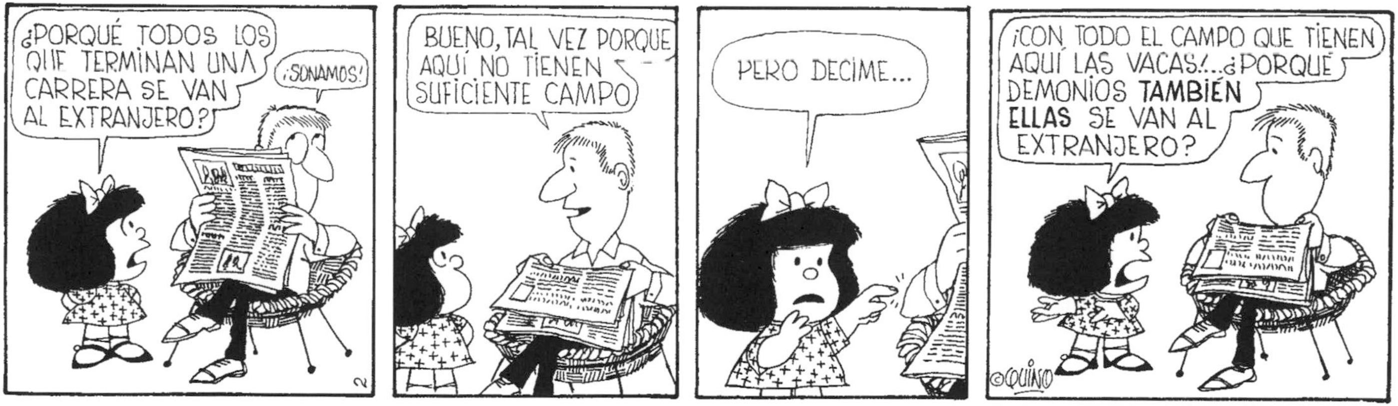
¿PORQUÉ TODOS LOS QUE TERMINAN UNA CARRERA SE VAN AL EXTRANJERO?
¡SONAMOS!
2
BUENO, TAL VEZ PORQUE AQUÍ NO TIENEN SUFICIENTE CAMPO
PERO DECIME...
¡CON TODO EL CAMPO QUE TIENEN AQUÍ LAS VACAS!... ¿PORQUÉ DEMONIOS TAMBIÉN ELLAS SE VAN AL EXTRANJERO?
©QUINO

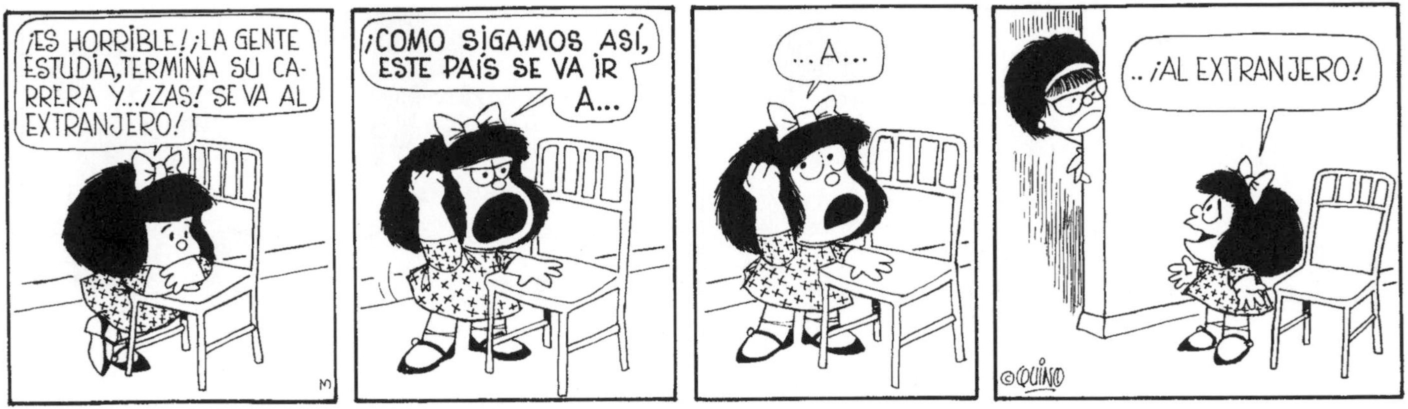
¡ES HORRIBLE! ¡LA GENTE ESTUDIA, TERMINA SU CARRERA Y...¡ZAS! SE VA AL EXTRANJERO!
¡COMO SIGAMOS ASÍ, ESTE PAÍS SE VA IR A...
...A...
..¡AL EXTRANJERO!
3
©QUINO

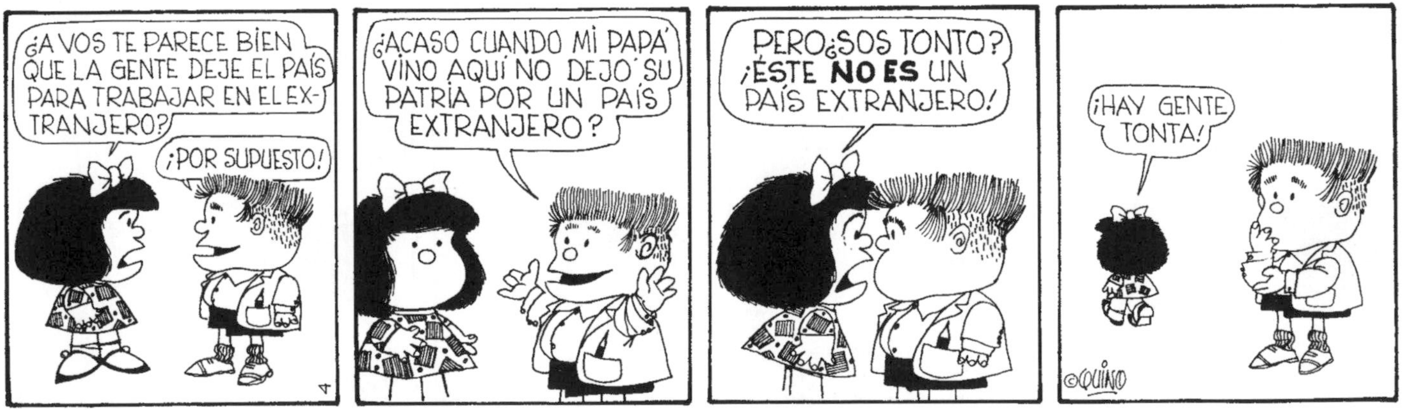
¿A VOS TE PARECE BIEN QUE LA GENTE DEJE EL PAÍS PARA TRABAJAR EN EL EXTRANJERO?
¡POR SUPUESTO!
¿ACASO CUANDO MI PAPÁ VINO AQUÍ NO DEJÓ SU PATRIA POR UN PAÍS EXTRANJERO?
PERO ¿SOS TONTO? ¡ÉSTE **NO ES** UN PAÍS EXTRANJERO!
¡HAY GENTE TONTA!
4
©QUINO

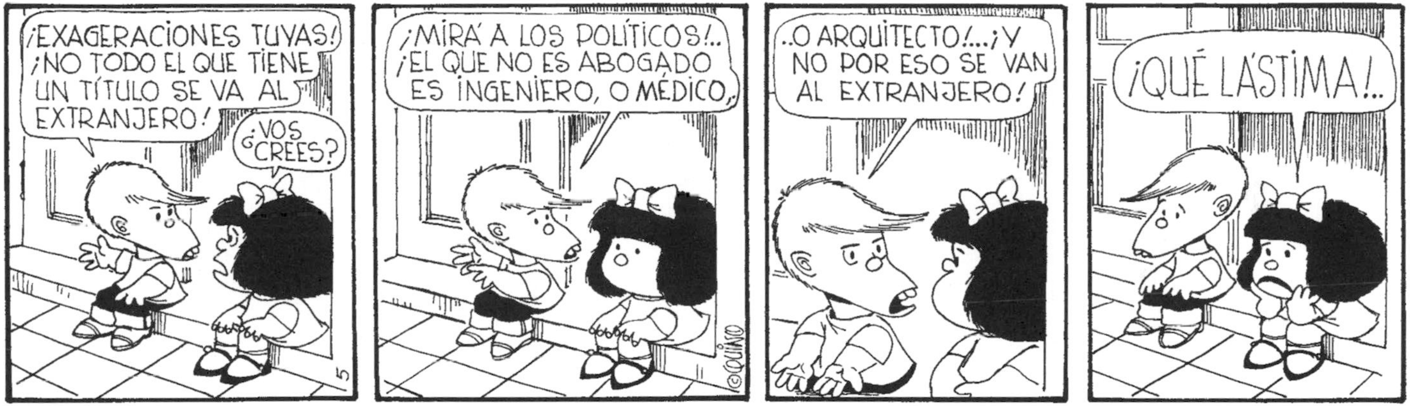
¡EXAGERACIONES TUYAS! ¡NO TODO EL QUE TIENE UN TÍTULO SE VA AL EXTRANJERO!
¿VOS CREES?
¡MIRÁ A LOS POLÍTICOS!.. ¡EL QUE NO ES ABOGADO ES INGENIERO, O MÉDICO,
..O ARQUITECTO!...¡Y NO POR ESO SE VAN AL EXTRANJERO!
¡QUÉ LÁSTIMA!..
©QUINO

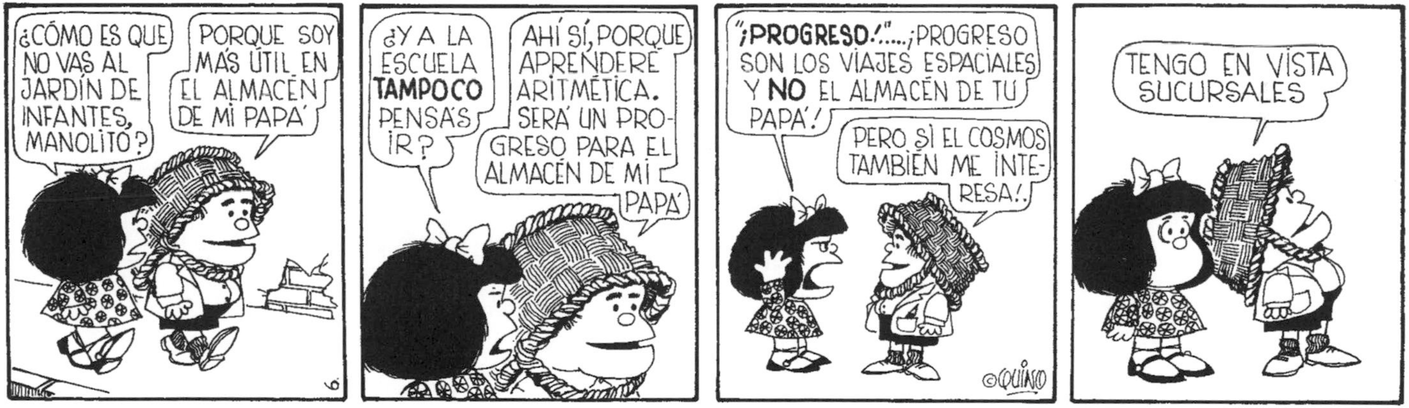
¿CÓMO ES QUE NO VAS AL JARDÍN DE INFANTES, MANOLITO?
PORQUE SOY MÁS ÚTIL EN EL ALMACÉN DE MI PAPÁ
¿Y A LA ESCUELA TAMPOCO PENSÁS IR?
AHÍ SÍ, PORQUE APRENDERÉ ARITMÉTICA. SERÁ UN PROGRESO PARA EL ALMACÉN DE MI PAPÁ
"¡PROGRESO!"....¡PROGRESO SON LOS VIAJES ESPACIALES Y NO EL ALMACÉN DE TU PAPÁ!
PERO SI EL COSMOS TAMBIÉN ME INTERESA!.
©QUINO
TENGO EN VISTA SUCURSALES

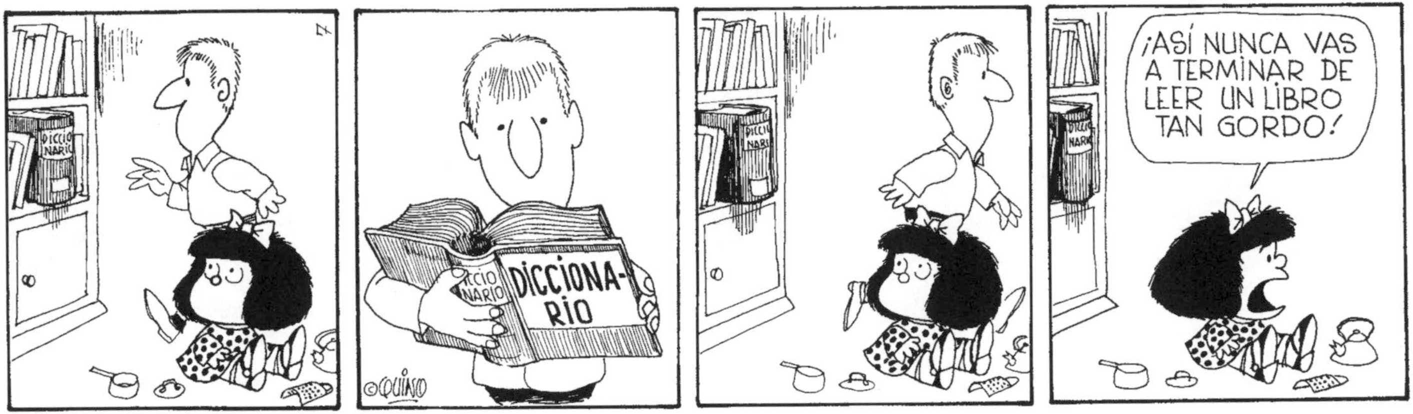
DICCIONARIO
DICCIONA-RIO
©QUINO
¡ASÍ NUNCA VAS A TERMINAR DE LEER UN LIBRO TAN GORDO!

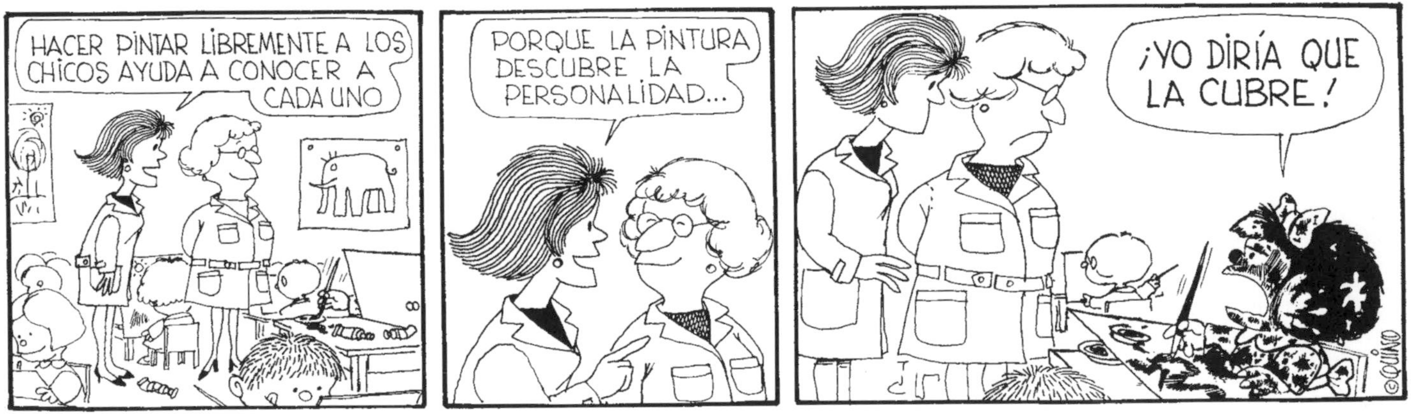
HACER PINTAR LIBREMENTE A LOS CHICOS AYUDA A CONOCER A CADA UNO
PORQUE LA PINTURA DESCUBRE LA PERSONALIDAD...
¡YO DIRÍA QUE LA CUBRE!
©QUINO

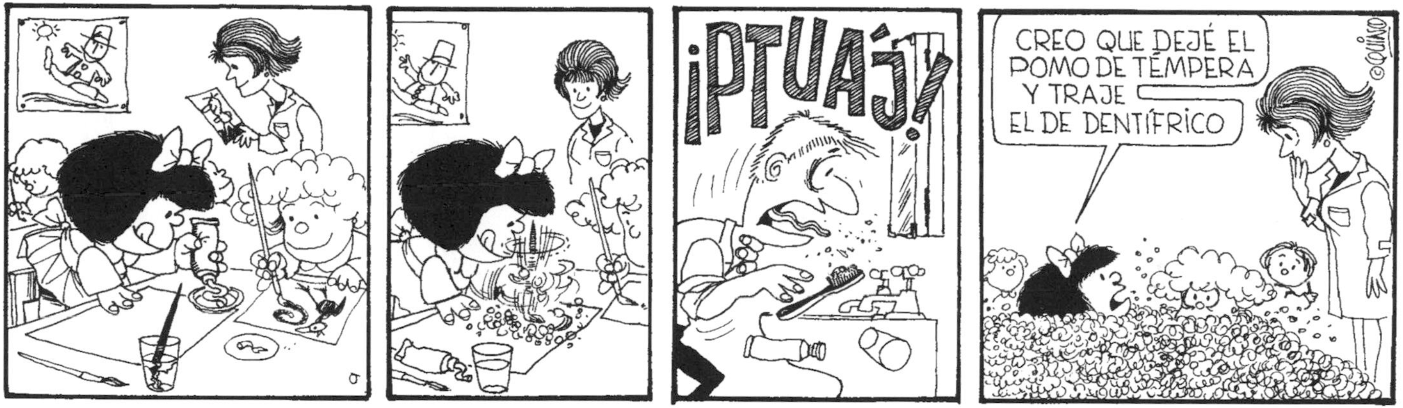
¡PTUAJ!
CREO QUE DEJÉ EL POMO DE TÉMPERA Y TRAJE EL DE DENTÍFRICO
©QUINO

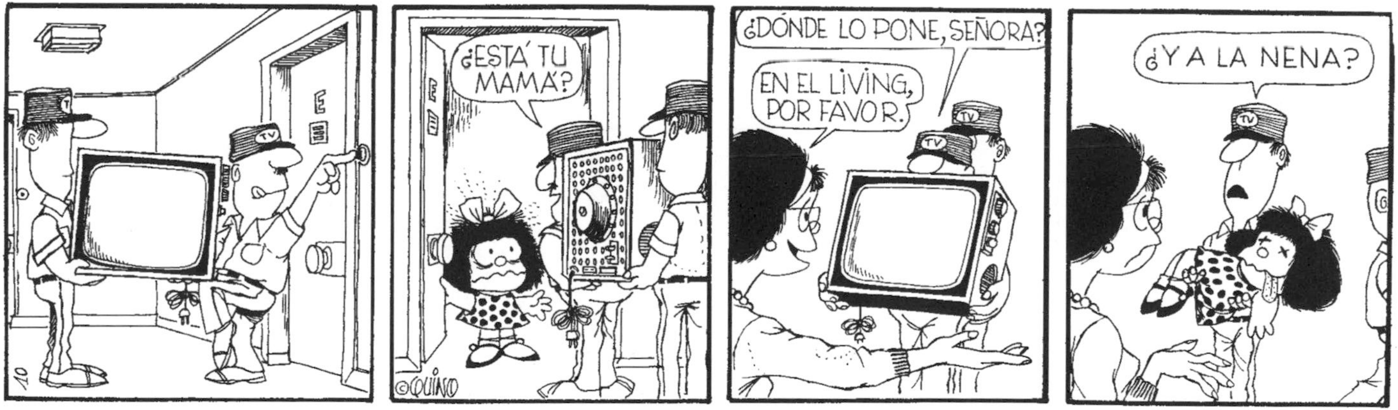
10
¿ESTÁ TU MAMÁ?
©QUINO
¿DÓNDE LO PONE, SEÑORA?
EN EL LIVING, POR FAVOR.
¿Y A LA NENA?

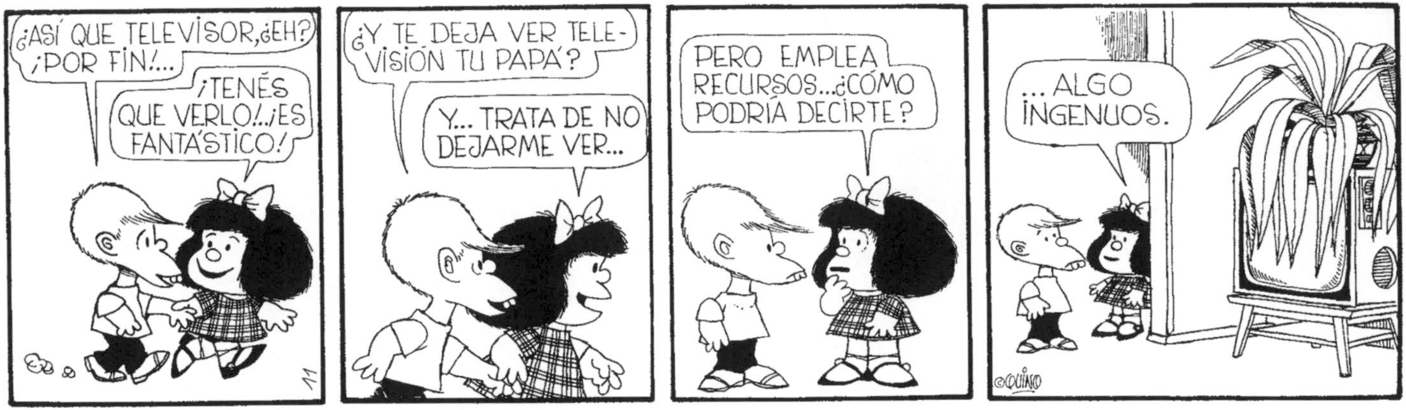
¿ASÍ QUE TELEVISOR,¿EH? ¡POR FIN!...
¡TENÉS QUE VERLO!...¡ES FANTÁSTICO!
11
¿Y TE DEJA VER TELEVISIÓN TU PAPÁ?
Y... TRATA DE NO DEJARME VER...
PERO EMPLEA RECURSOS...¿CÓMO PODRÍA DECIRTE?
... ALGO INGENUOS.
©QUINO

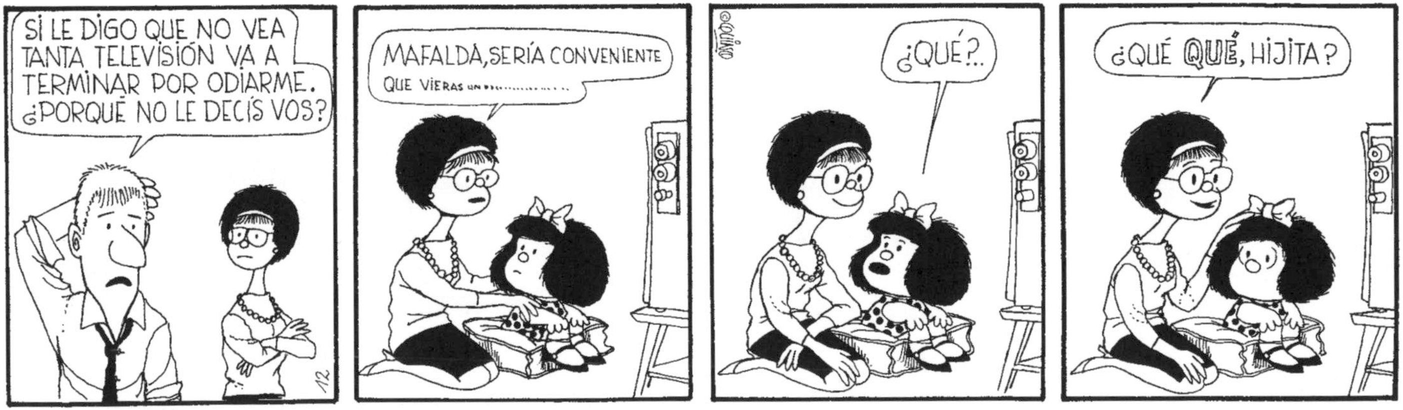
SI LE DIGO QUE NO VEA TANTA TELEVISIÓN VA A TERMINAR POR ODIARME. ¿PORQUÉ NO LE DECÍS VOS?
12
MAFALDA, SERÍA CONVENIENTE QUE VIERAS UN ....
©QUINO
¿QUÉ?..
¿QUÉ QUÉ, HIJITA?

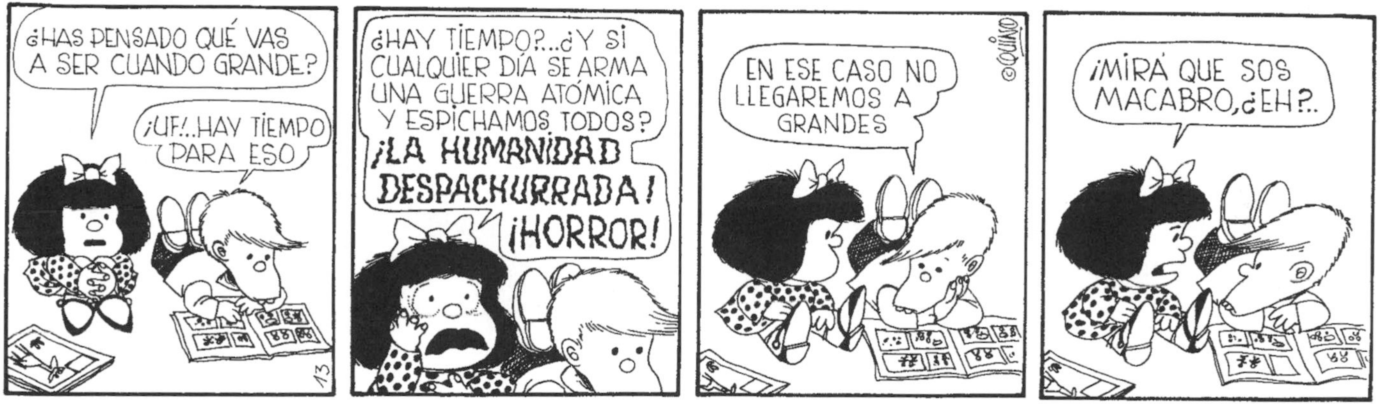
¿HAS PENSADO QUÉ VAS A SER CUANDO GRANDE?
¡UF!..HAY TIEMPO PARA ESO
13
¿HAY TIEMPO?...¿Y SI CUALQUIER DÍA SE ARMA UNA GUERRA ATÓMICA Y ESPICHAMOS TODOS?
¡LA HUMANIDAD DESPACHURRADA!
¡HORROR!
©QUINO
EN ESE CASO NO LLEGAREMOS A GRANDES
¡MIRÁ QUE SOS MACABRO, ¿EH?..

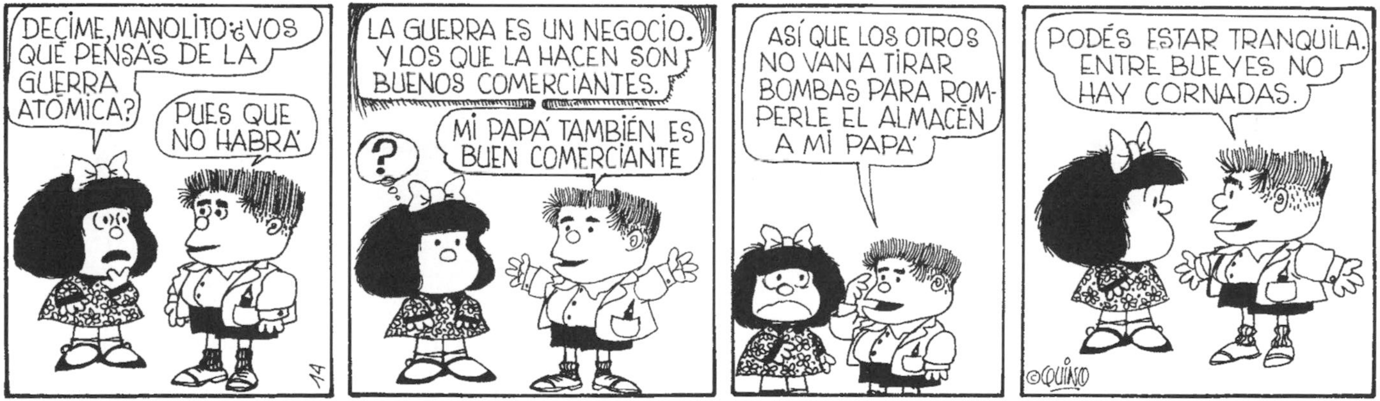
DECIME, MANOLITO: ¿VOS QUÉ PENSÁS DE LA GUERRA ATÓMICA?
PUES QUE NO HABRÁ
14
LA GUERRA ES UN NEGOCIO. Y LOS QUE LA HACEN SON BUENOS COMERCIANTES.
?
MI PAPÁ TAMBIÉN ES BUEN COMERCIANTE
ASÍ QUE LOS OTROS NO VAN A TIRAR BOMBAS PARA ROMPERLE EL ALMACÉN A MI PAPÁ
PODÉS ESTAR TRANQUILA. ENTRE BUEYES NO HAY CORNADAS.
©QUINO

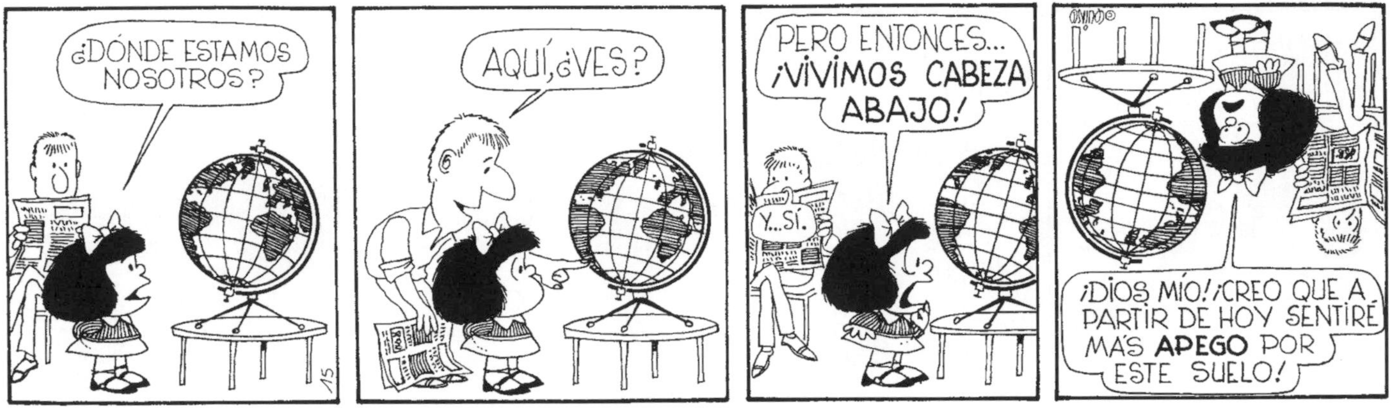
¿DÓNDE ESTAMOS NOSOTROS?
15
AQUÍ, ¿VES?
PERO ENTONCES... ¡VIVIMOS CABEZA ABAJO!
Y...SÍ.
¡DIOS MÍO! ¡CREO QUE A PARTIR DE HOY SENTIRÉ MÁS **APEGO** POR ESTE SUELO!

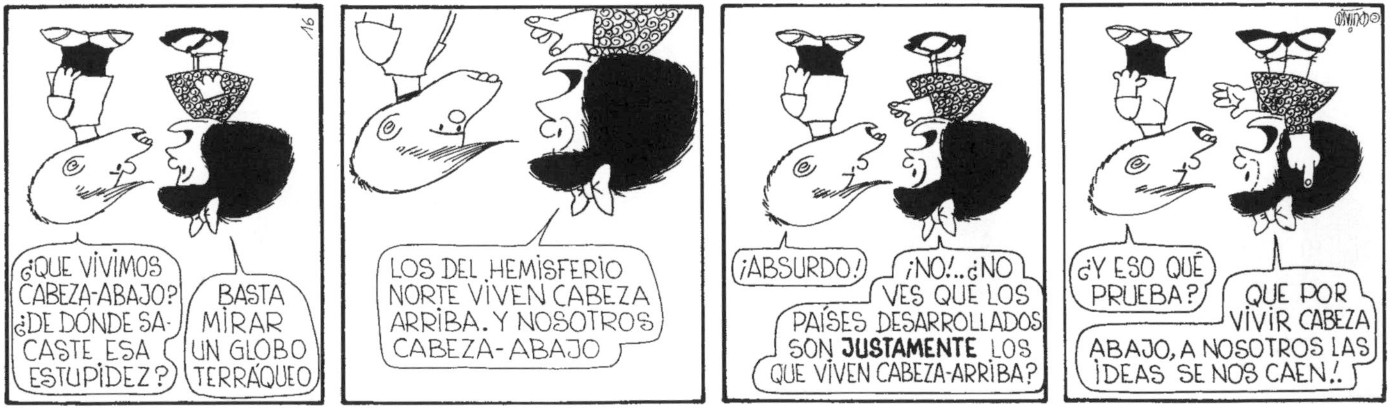
16
¿QUE VIVIMOS CABEZA-ABAJO? ¿DE DÓNDE SACASTE ESA ESTUPIDEZ?
BASTA MIRAR UN GLOBO TERRÁQUEO
LOS DEL HEMISFERIO NORTE VIVEN CABEZA ARRIBA. Y NOSOTROS CABEZA-ABAJO
¡ABSURDO!
¡NO!... ¿NO VES QUE LOS PAÍSES DESARROLLADOS SON **JUSTAMENTE** LOS QUE VIVEN CABEZA-ARRIBA?
¿Y ESO QUÉ PRUEBA?
QUE POR VIVIR CABEZA ABAJO, A NOSOTROS LAS IDEAS SE NOS CAEN!.

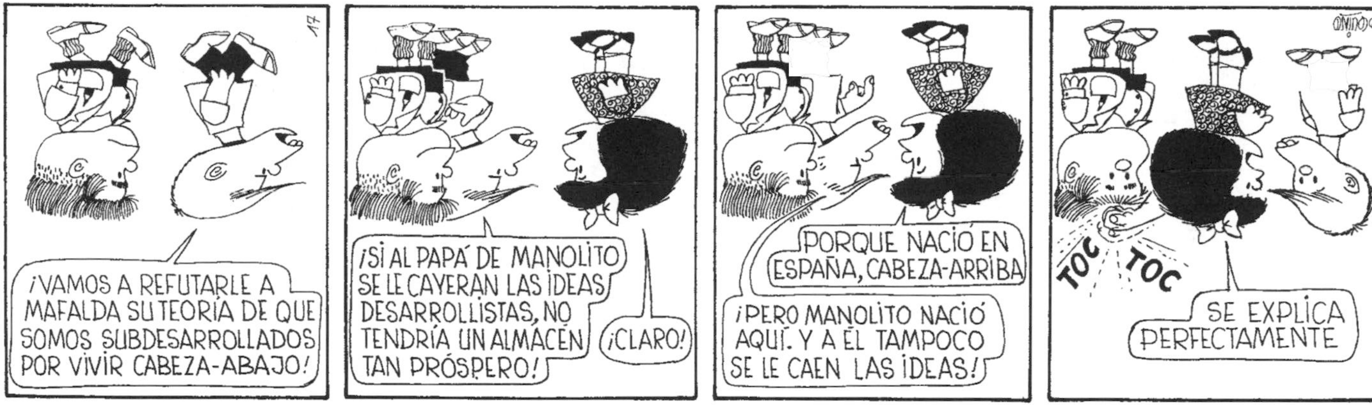
¡VAMOS A REFUTARLE A MAFALDA SU TEORÍA DE QUE SOMOS SUBDESARROLLADOS POR VIVIR CABEZA-ABAJO!
¡SI AL PAPÁ DE MANOLITO SE LE CAYERAN LAS IDEAS DESARROLLISTAS, NO TENDRÍA UN ALMACÉN TAN PRÓSPERO!
¡CLARO!
PORQUE NACIÓ EN ESPAÑA, CABEZA-ARRIBA
¡PERO MANOLITO NACIÓ AQUÍ. Y A ÉL TAMPOCO SE LE CAEN LAS IDEAS!
TOC
TOC
SE EXPLICA PERFECTAMENTE

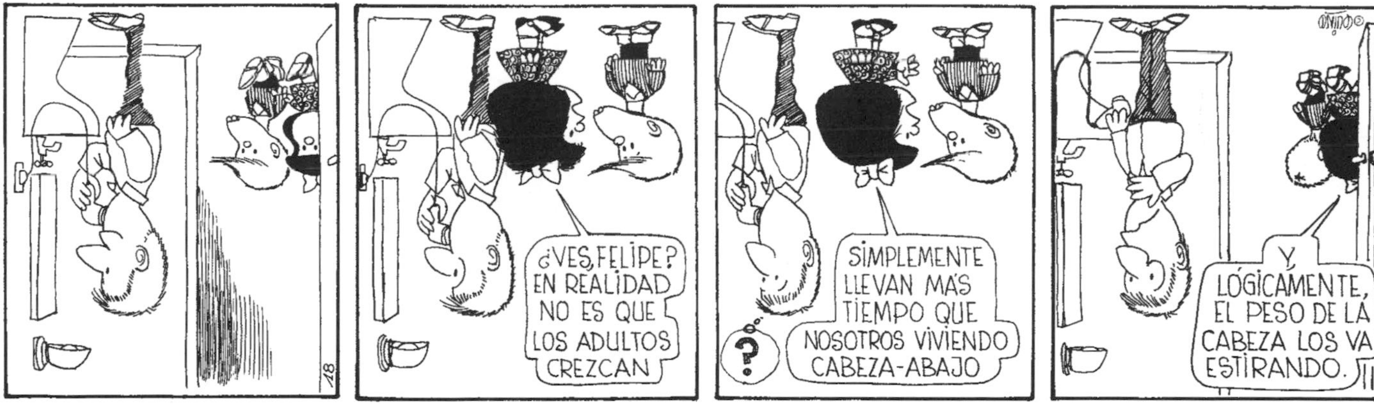
¿VES, FELIPE? EN REALIDAD NO ES QUE LOS ADULTOS CREZCAN
SIMPLEMENTE LLEVAN MÁS TIEMPO QUE NOSOTROS VIVIENDO CABEZA-ABAJO
?
Y, LÓGICAMENTE, EL PESO DE LA CABEZA LOS VA ESTIRANDO.

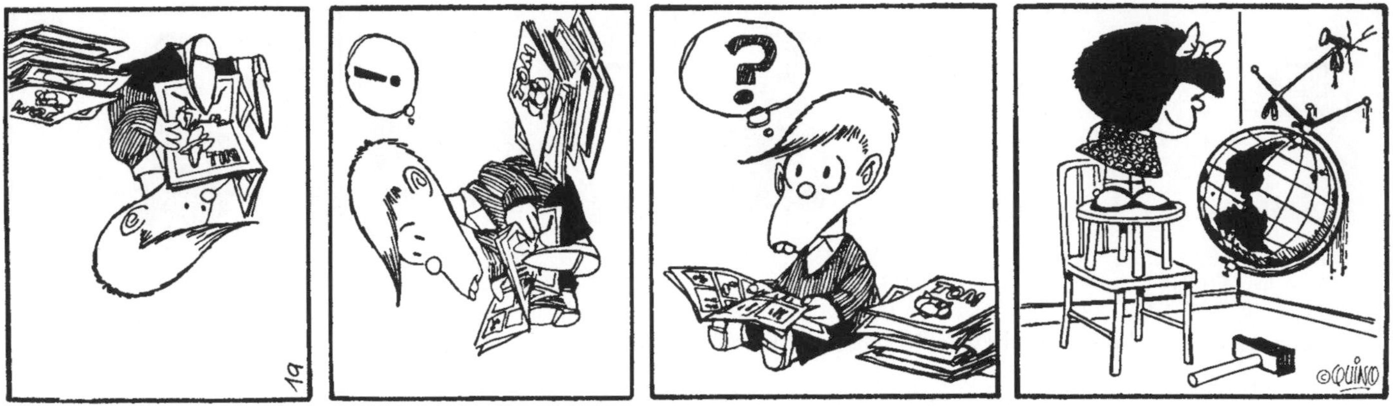
19
?
©QUINO

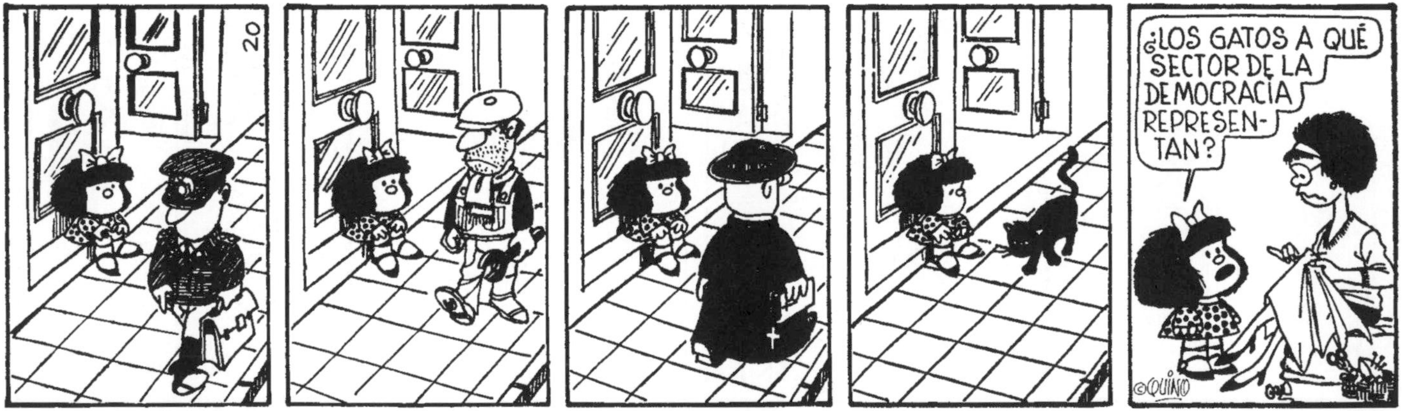
20
¿LOS GATOS A QUÉ SECTOR DE LA DEMOCRACIA REPRESENTAN?
©QUINO

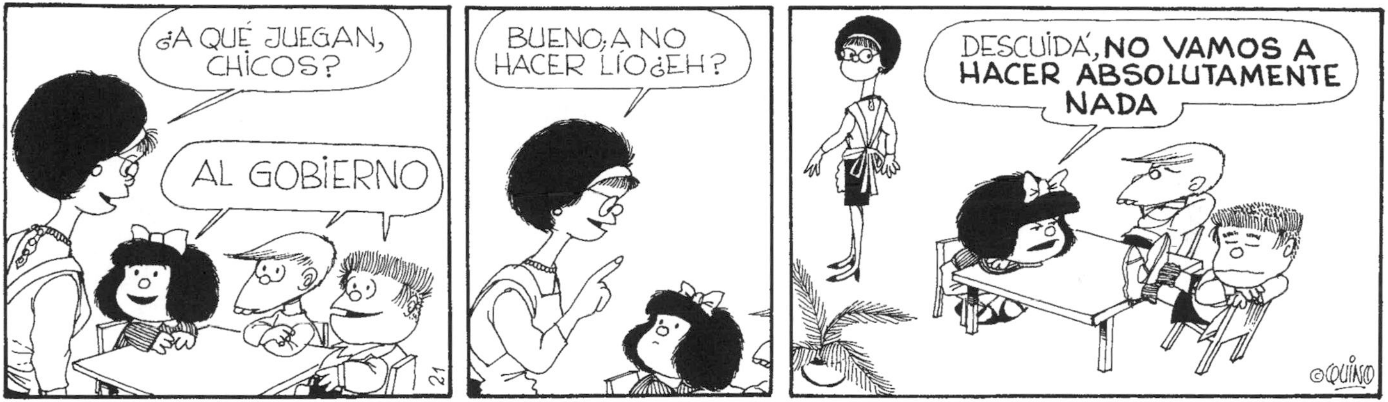
¿A QUÉ JUEGAN, CHICOS?
AL GOBIERNO
21
BUENO; A NO HACER LÍO ¿EH?
DESCUIDÁ, NO VAMOS A HACER ABSOLUTAMENTE NADA
©QUINO

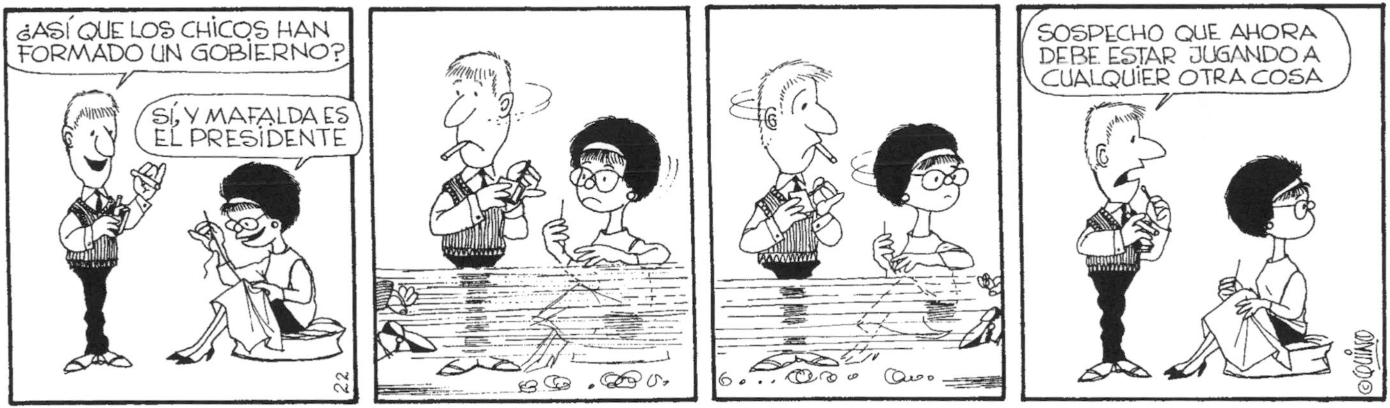
¿ASÍ QUE LOS CHICOS HAN FORMADO UN GOBIERNO?
SÍ, Y MAFALDA ES EL PRESIDENTE
22
SOSPECHO QUE AHORA DEBE ESTAR JUGANDO A CUALQUIER OTRA COSA
©QUINO

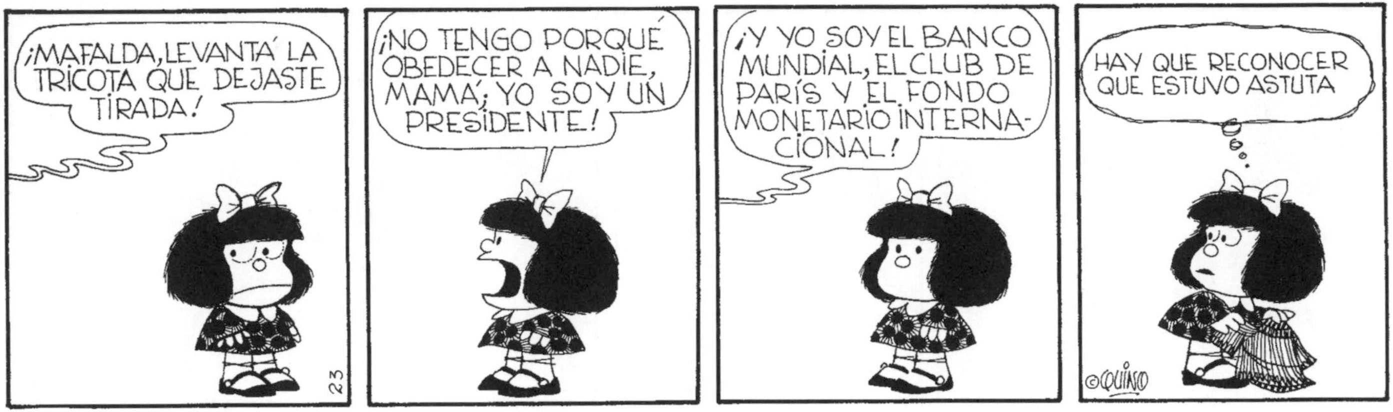
¡MAFALDA, LEVANTÁ LA TRICOTA QUE DEJASTE TIRADA!
23
¡NO TENGO PORQUÉ OBEDECER A NADIE, MAMÁ; YO SOY UN PRESIDENTE!
¡Y YO SOY EL BANCO MUNDIAL, EL CLUB DE PARÍS Y EL FONDO MONETARIO INTERNACIONAL!
HAY QUE RECONOCER QUE ESTUVO ASTUTA
©QUINO

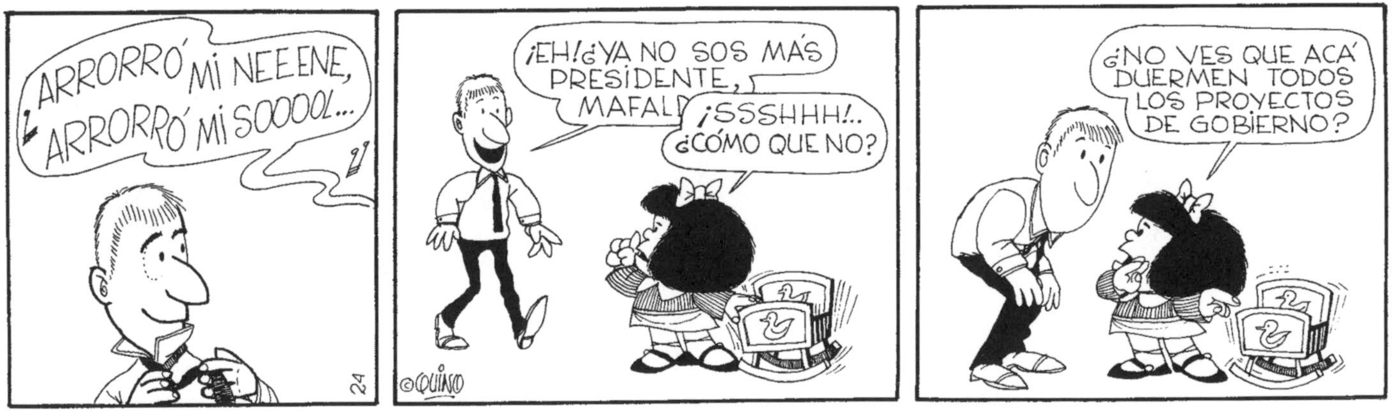
ARRORRÓ MI NEEENE, ARRORRÓ MI SOOOOL...
24
¡EH! ¿YA NO SOS MÁS PRESIDENTE, MAFAL
¡SSSHHH!.. ¿CÓMO QUE NO?
©QUINO
¿NO VES QUE ACÁ DUERMEN TODOS LOS PROYECTOS DE GOBIERNO?

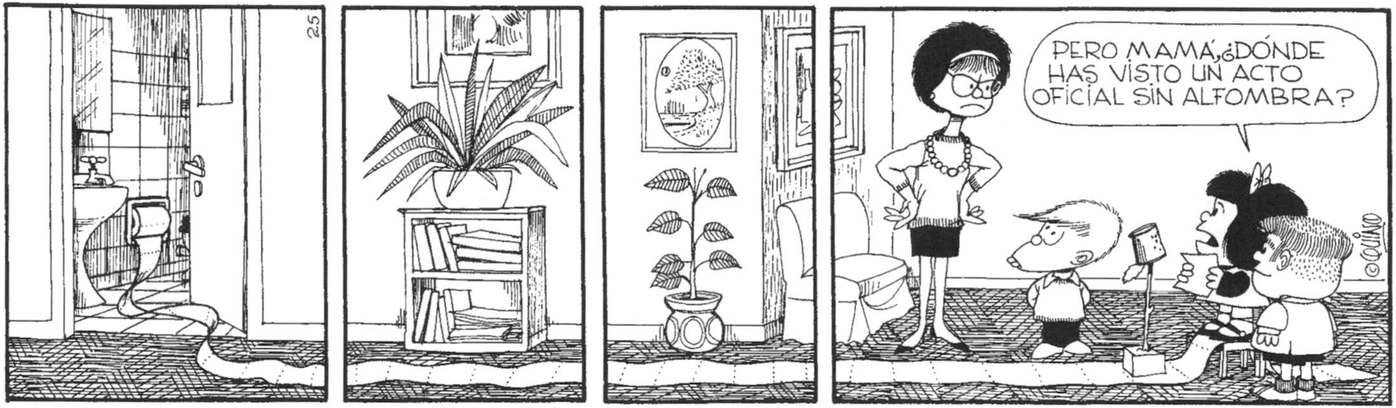
25
PERO MAMÁ, ¿DÓNDE HAS VISTO UN ACTO OFICIAL SIN ALFOMBRA?
©QUINO

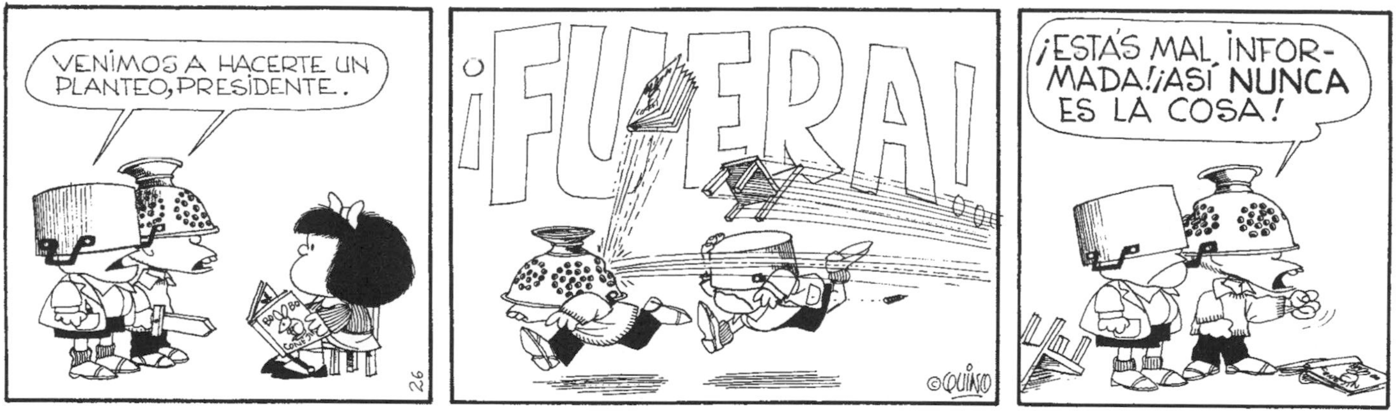
VENIMOS A HACERTE UN PLANTEO, PRESIDENTE.
26
¡FUERA!
©QUINO
¡ESTÁS MAL INFORMADA! ¡ASÍ NUNCA ES LA COSA!

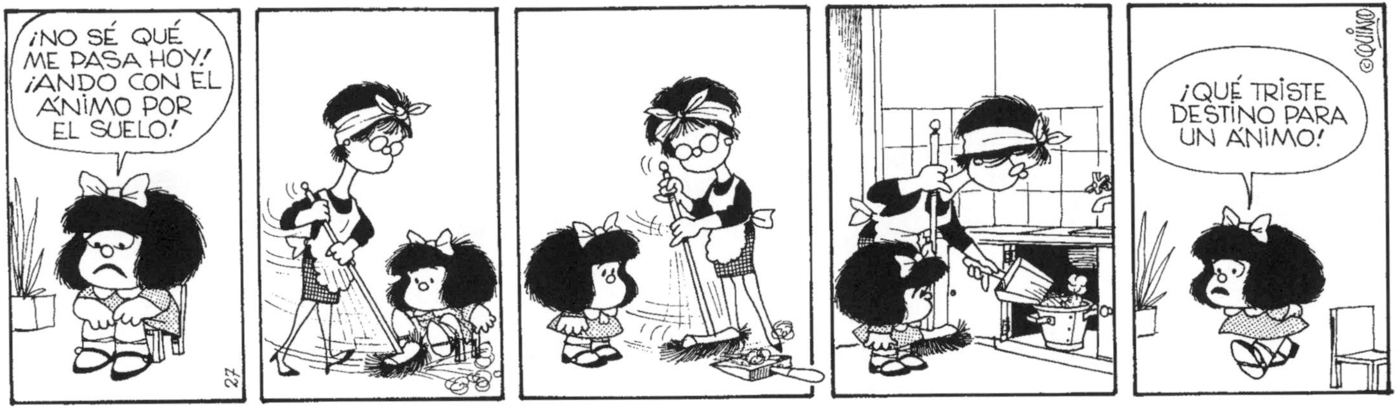
¡NO SÉ QUÉ ME PASA HOY! ¡ANDO CON EL ÁNIMO POR EL SUELO!
27
¡QUÉ TRISTE DESTINO PARA UN ÁNIMO!
©QUINO

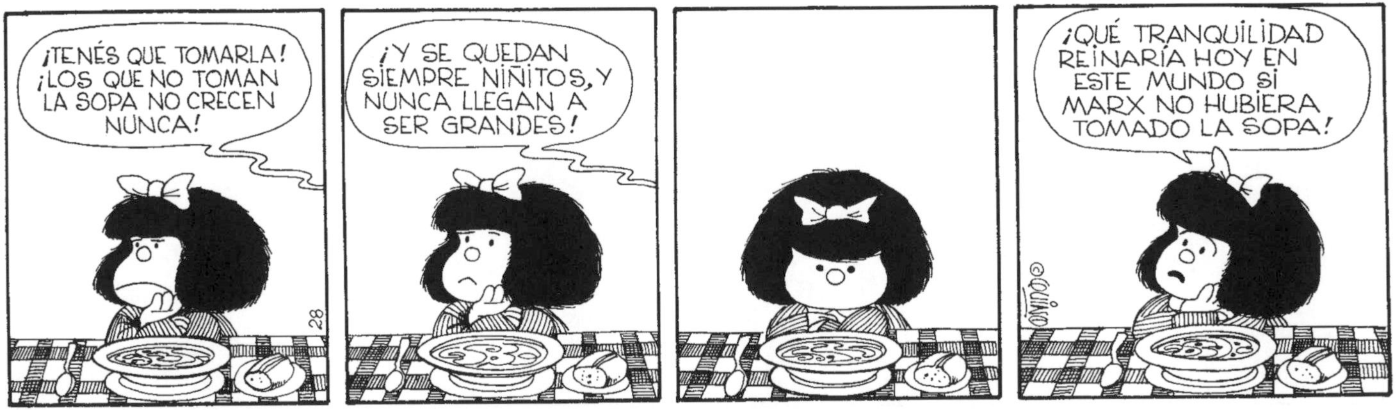
¡TENÉS QUE TOMARLA! ¡LOS QUE NO TOMAN LA SOPA NO CRECEN NUNCA!
28
¡Y SE QUEDAN SIEMPRE NIÑITOS, Y NUNCA LLEGAN A SER GRANDES!
¡QUÉ TRANQUILIDAD REINARÍA HOY EN ESTE MUNDO SI MARX NO HUBIERA TOMADO LA SOPA!
©QUINO

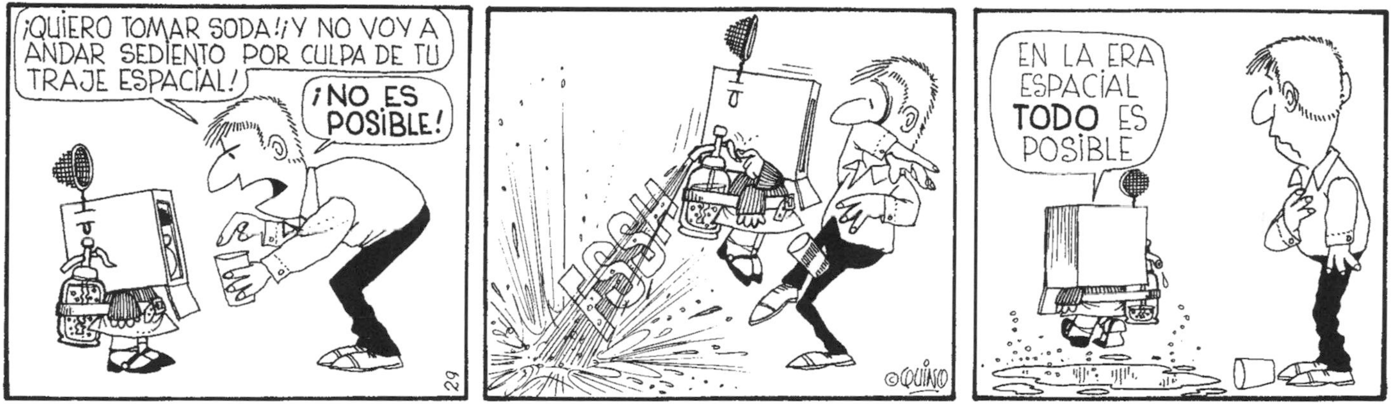
¡QUIERO TOMAR SODA! ¡Y NO VOY A ANDAR SEDIENTO POR CULPA DE TU TRAJE ESPACIAL!
¡NO ES POSIBLE!
29
EN LA ERA ESPACIAL **TODO** ES POSIBLE
©QUINO

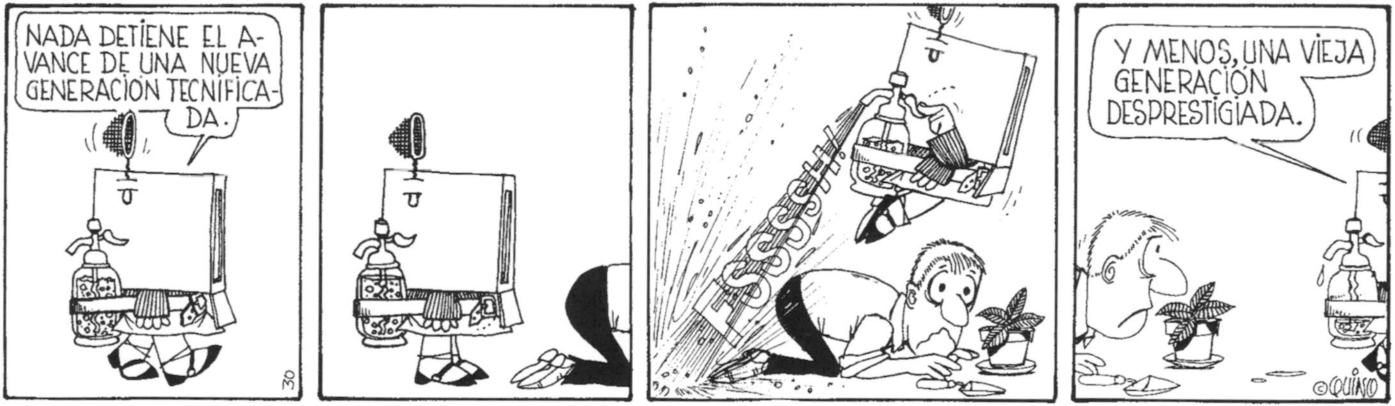
NADA DETIENE EL A-VANCE DE UNA NUEVA GENERACIÓN TECNIFICA-DA.
30
Y MENOS, UNA VIEJA GENERACIÓN DESPRESTIGIADA.
©QUINO

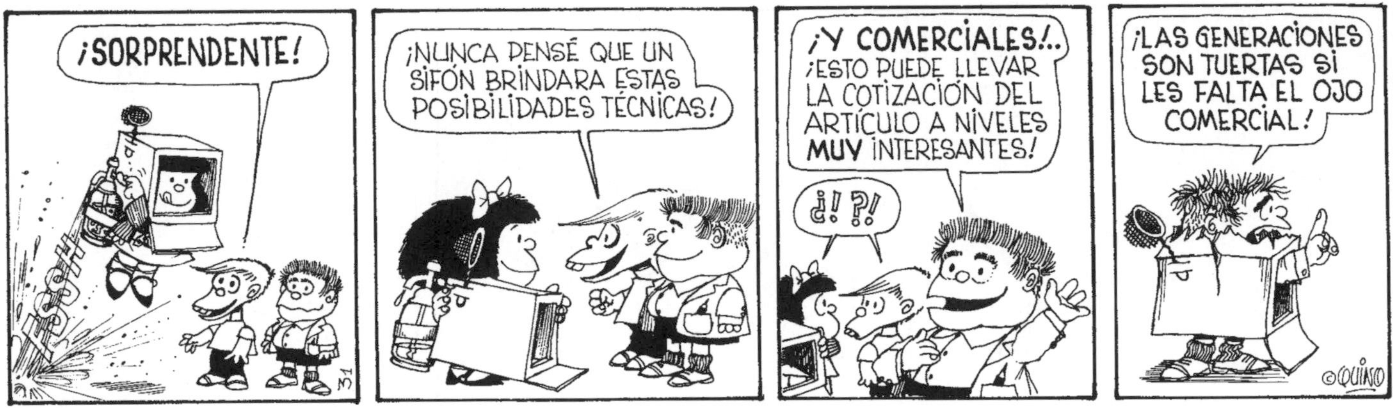
¡SORPRENDENTE!
FSSSH
31
¡NUNCA PENSÉ QUE UN SIFÓN BRINDARA ESTAS POSIBILIDADES TÉCNICAS!
¡Y COMERCIALES!.. ¡ESTO PUEDE LLEVAR LA COTIZACIÓN DEL ARTÍCULO A NIVELES **MUY** INTERESANTES!
¿! ?!
¡LAS GENERACIONES SON TUERTAS SI LES FALTA EL OJO COMERCIAL!
©QUINO

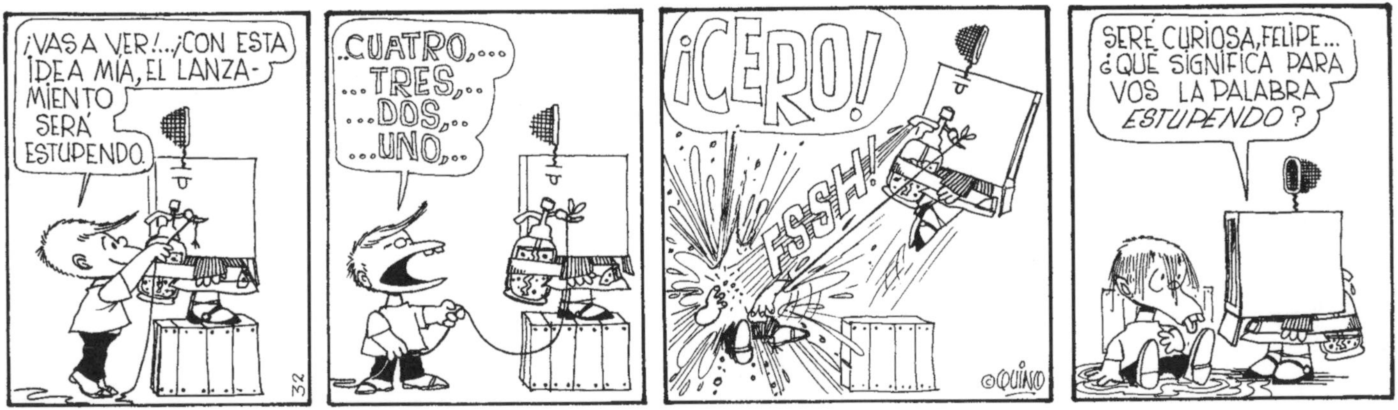
¡VAS A VER!...¡CON ESTA IDEA MÍA, EL LANZAMIENTO SERÁ ESTUPENDO.
32
..CUATRO,... ...TRES,... ...DOS,... ...UNO,...
¡CERO!
FSSH!
©QUINO
SERÉ CURIOSA, FELIPE... ¿QUÉ SIGNIFICA PARA VOS LA PALABRA *ESTUPENDO*?

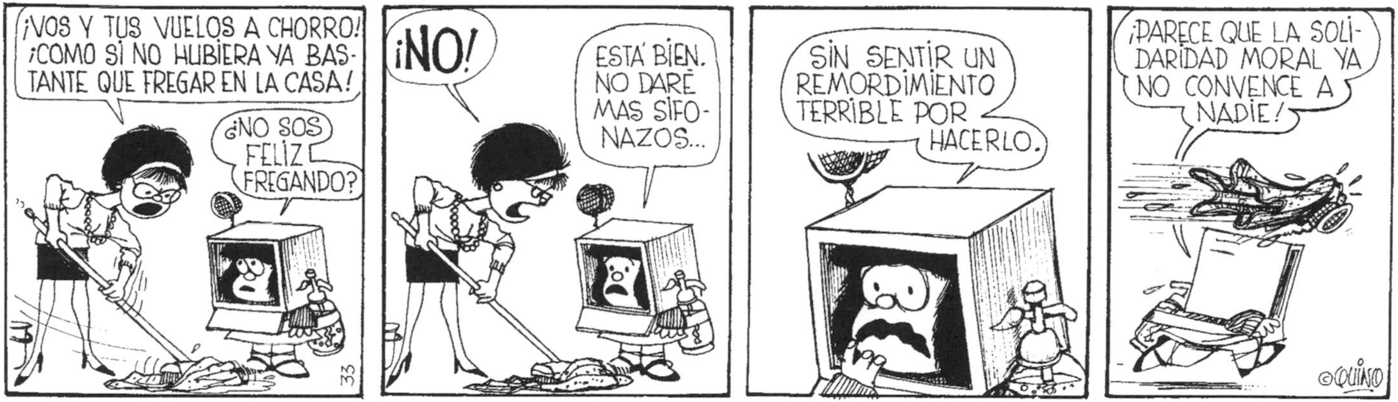
¡VOS Y TUS VUELOS A CHORRO! ¡COMO SI NO HUBIERA YA BASTANTE QUE FREGAR EN LA CASA!
¿NO SOS FELIZ FREGANDO?
33
¡NO!
ESTÁ BIEN. NO DARÉ MAS SIFONAZOS...
SIN SENTIR UN REMORDIMIENTO TERRIBLE POR HACERLO.
¡PARECE QUE LA SOLIDARIDAD MORAL YA NO CONVENCE A NADIE!
©QUINO

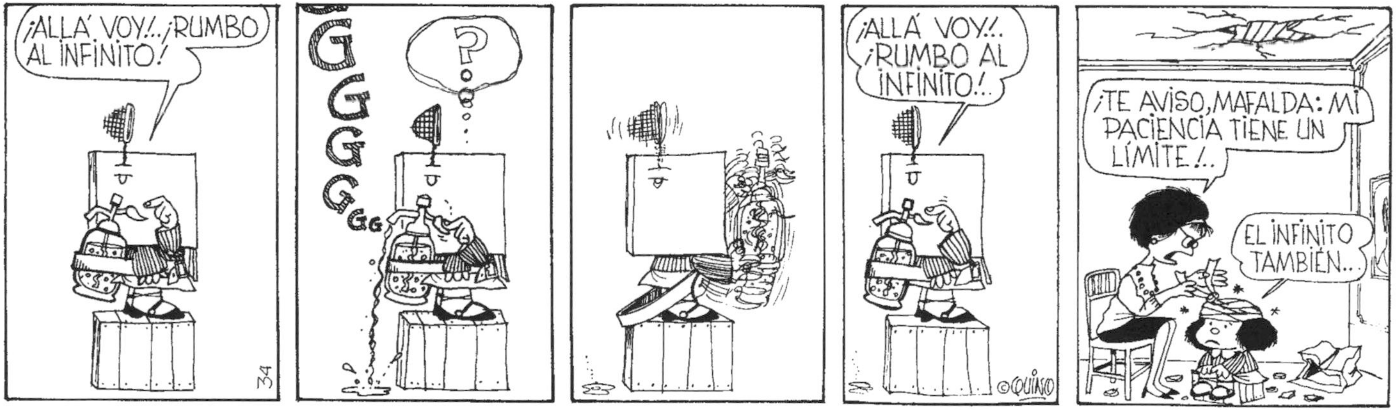
¡ALLÁ VOY!..¡RUMBO AL INFINITO!
34
GGGGGG
?
¡ALLÁ VOY!.. ¡RUMBO AL INFINITO!..
©QUINO
¡TE AVISO, MAFALDA: MI PACIENCIA TIENE UN LÍMITE!..
EL INFINITO TAMBIÉN...

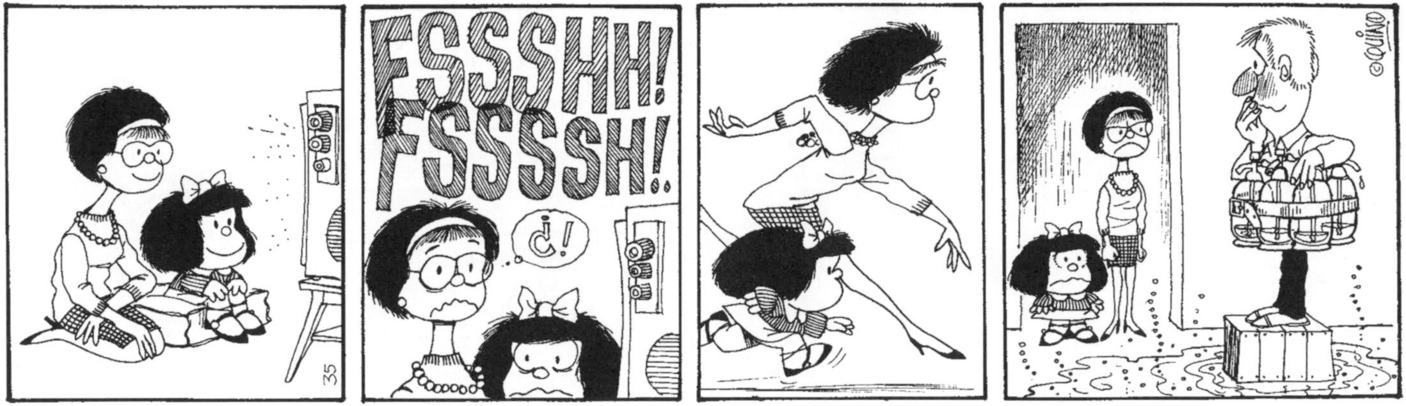
35
FSSSHH!
FSSSSH!
¿!
©QUINO

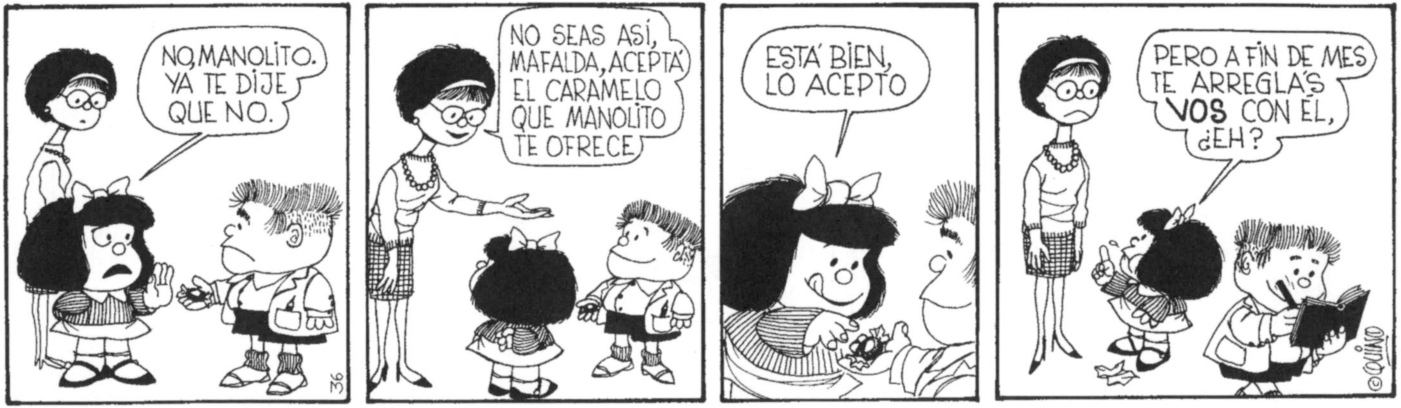
36
NO, MANOLITO. YA TE DIJE QUE NO.
NO SEAS ASÍ, MAFALDA, ACEPTÁ EL CARAMELO QUE MANOLITO TE OFRECE
ESTÁ BIEN, LO ACEPTO
PERO A FIN DE MES TE ARREGLÁS **VOS** CON ÉL, ¿EH?
©QUINO

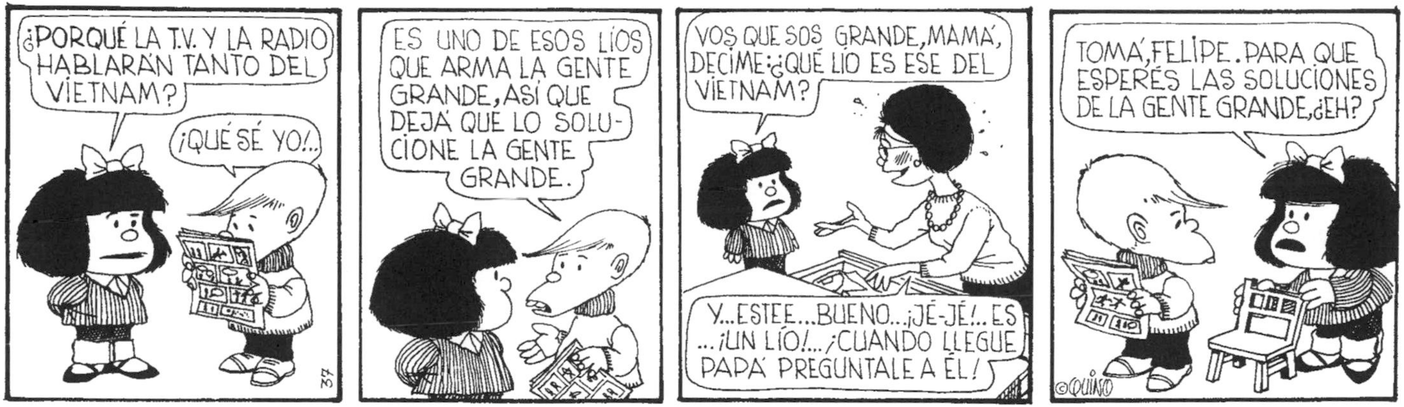
¿PORQUÉ LA T.V. Y LA RADIO HABLARÁN TANTO DEL VIETNAM?
¡QUÉ SÉ YO!..
37
ES UNO DE ESOS LÍOS QUE ARMA LA GENTE GRANDE, ASÍ QUE DEJÁ QUE LO SOLUCIONE LA GENTE GRANDE.
VOS QUE SOS GRANDE, MAMÁ, DECIME: ¿QUÉ LÍO ES ESE DEL VIETNAM?
Y...ESTEE...BUENO...¡JÉ-JÉ!..ES ...¡UN LÍO!...¡CUANDO LLEGUE PAPÁ PREGUNTALE A ÉL!
TOMÁ, FELIPE. PARA QUE ESPERÉS LAS SOLUCIONES DE LA GENTE GRANDE, ¿EH?
©QUINO

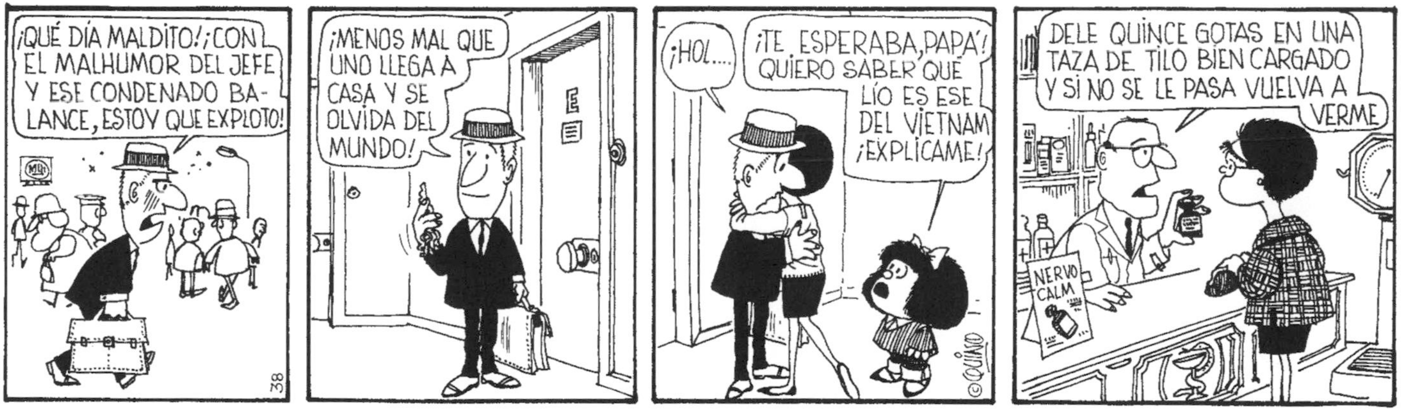
¡QUÉ DÍA MALDITO! ¡CON EL MALHUMOR DEL JEFE Y ESE CONDENADO BALANCE, ESTOY QUE EXPLOTO!
38
¡MENOS MAL QUE UNO LLEGA A CASA Y SE OLVIDA DEL MUNDO!
¡HOL....
¡TE ESPERABA, PAPÁ! QUIERO SABER QUÉ LÍO ES ESE DEL VIETNAM ¡EXPLICAME!
©QUINO
DELE QUINCE GOTAS EN UNA TAZA DE TILO BIEN CARGADO Y SI NO SE LE PASA VUELVA A VERME
NERVO CALM

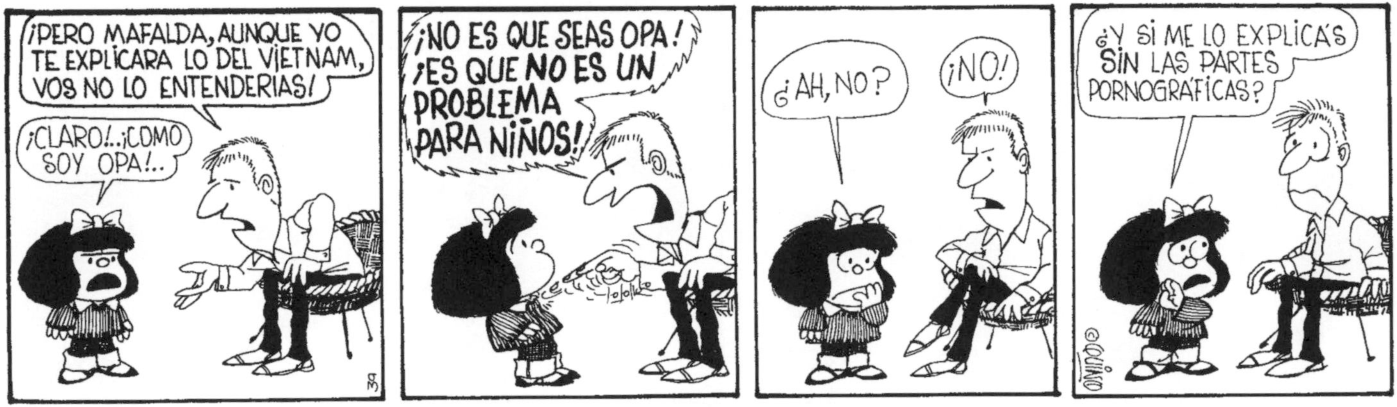
¡PERO MAFALDA, AUNQUE YO TE EXPLICARA LO DEL VIETNAM, VOS NO LO ENTENDERÍAS!
¡CLARO!..¡COMO SOY OPA!..
¡NO ES QUE SEAS OPA! ¡ES QUE NO ES UN PROBLEMA PARA NIÑOS!
¿AH, NO?
¡NO!
¿Y SI ME LO EXPLICÁS SIN LAS PARTES PORNOGRÁFICAS?

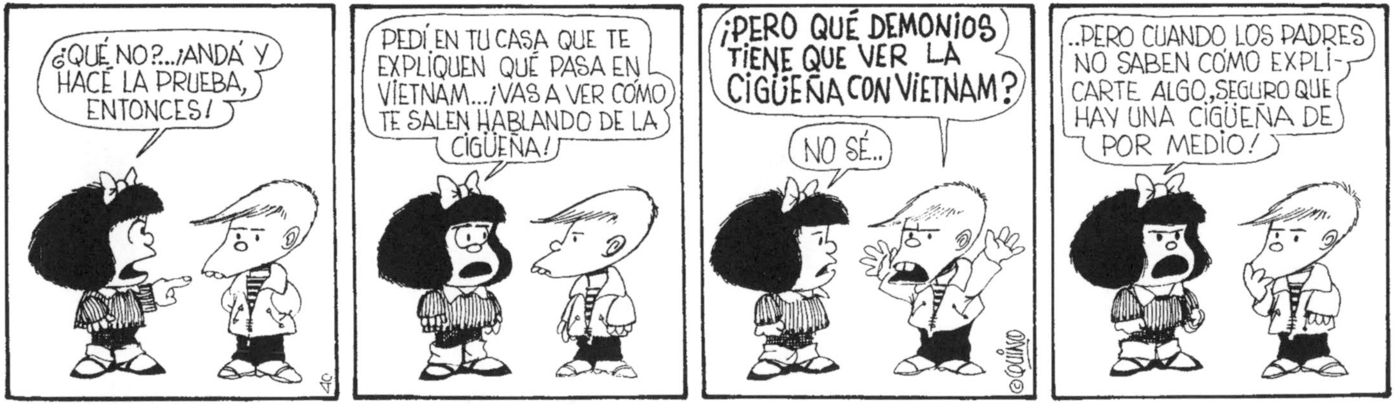
¿QUÉ NO?...¡ANDÁ Y HACÉ LA PRUEBA, ENTONCES!
PEDÍ EN TU CASA QUE TE EXPLIQUEN QUÉ PASA EN VIETNAM...¡VAS A VER CÓMO TE SALEN HABLANDO DE LA CIGÜEÑA!
¡PERO QUÉ DEMONIOS TIENE QUE VER LA CIGÜEÑA CON VIETNAM?
NO SÉ..
..PERO CUANDO LOS PADRES NO SABEN CÓMO EXPLICARTE ALGO, SEGURO QUE HAY UNA CIGÜEÑA DE POR MEDIO!

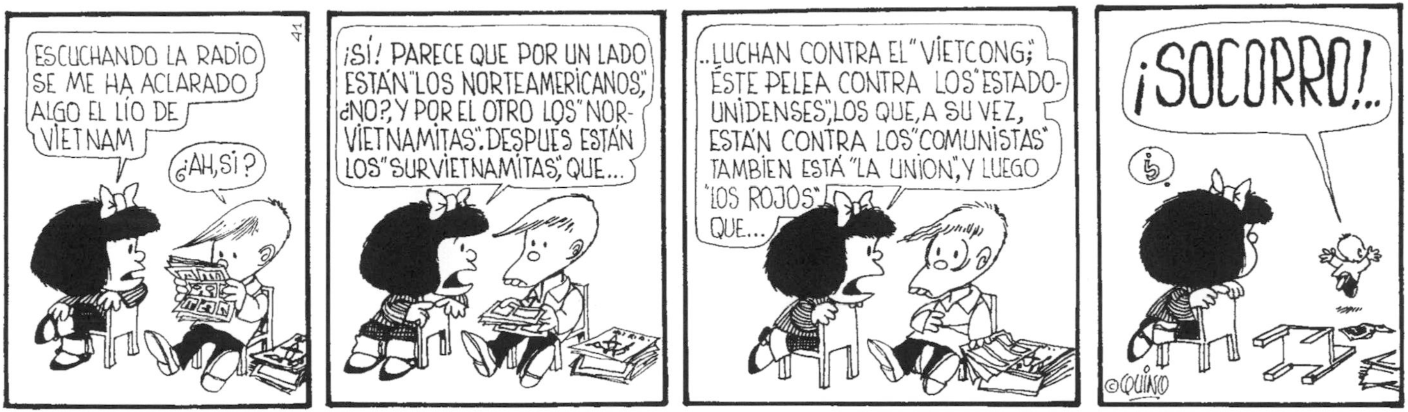
41
ESCUCHANDO LA RADIO SE ME HA ACLARADO ALGO EL LÍO DE VIETNAM
¿AH, SÍ?
¡SÍ! PARECE QUE POR UN LADO ESTÁN "LOS NORTEAMERICANOS", ¿NO?, Y POR EL OTRO LOS "NORVIETNAMITAS". DESPUÉS ESTÁN LOS "SURVIETNAMITAS", QUE...
..LUCHAN CONTRA EL "VIETCONG"; ÉSTE PELEA CONTRA LOS "ESTADOUNIDENSES", LOS QUE, A SU VEZ, ESTÁN CONTRA LOS "COMUNISTAS" TAMBIÉN ESTÁ "LA UNIÓN", Y LUEGO "LOS ROJOS" QUE...
¡SOCORRO!..
©QUINO

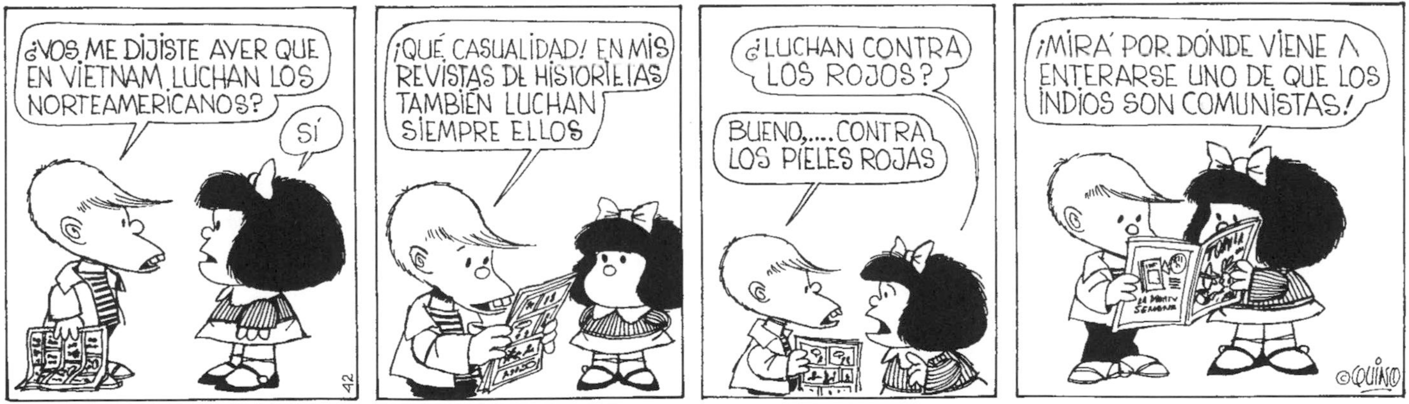
¿VOS ME DIJISTE AYER QUE EN VIETNAM LUCHAN LOS NORTEAMERICANOS?
SÍ
42
¡QUÉ CASUALIDAD! EN MIS REVISTAS DE HISTORIETAS TAMBIÉN LUCHAN SIEMPRE ELLOS
¿LUCHAN CONTRA LOS ROJOS?
BUENO,.... CONTRA LOS PIELES ROJAS
¡MIRÁ POR DÓNDE VIENE A ENTERARSE UNO DE QUE LOS INDIOS SON COMUNISTAS!
©QUINO

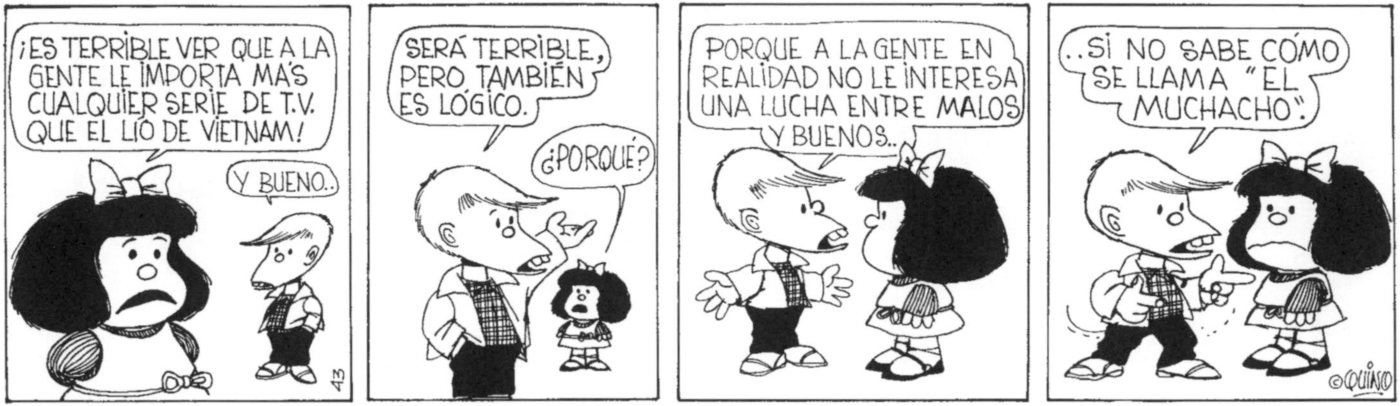
¡ES TERRIBLE VER QUE A LA GENTE LE IMPORTA MÁS CUALQUIER SERIE DE T.V. QUE EL LÍO DE VIETNAM!
Y BUENO..
43
SERÁ TERRIBLE, PERO TAMBIÉN ES LÓGICO.
¿PORQUÉ?
PORQUE A LA GENTE EN REALIDAD NO LE INTERESA UNA LUCHA ENTRE MALOS Y BUENOS..
..SI NO SABE CÓMO SE LLAMA "EL MUCHACHO".
©QUINO

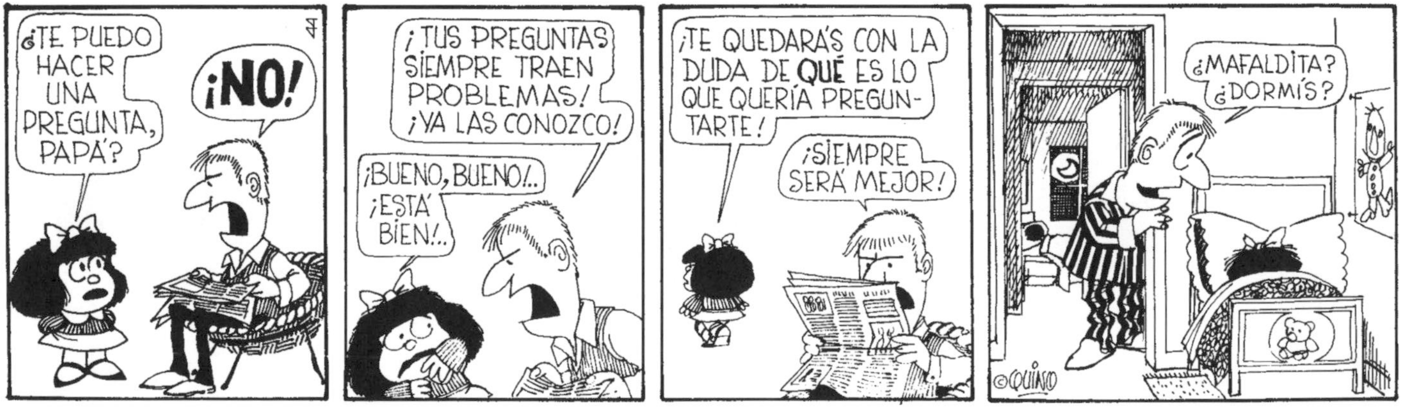
¿TE PUEDO HACER UNA PREGUNTA, PAPÁ?
¡NO!
44
¡TUS PREGUNTAS SIEMPRE TRAEN PROBLEMAS! ¡YA LAS CONOZCO!
¡BUENO, BUENO!.. ¡ESTÁ BIEN!..
¡TE QUEDARÁS CON LA DUDA DE QUÉ ES LO QUE QUERÍA PREGUNTARTE!
¡SIEMPRE SERÁ MEJOR!
©QUINO
¿MAFALDITA? ¿DORMÍS?

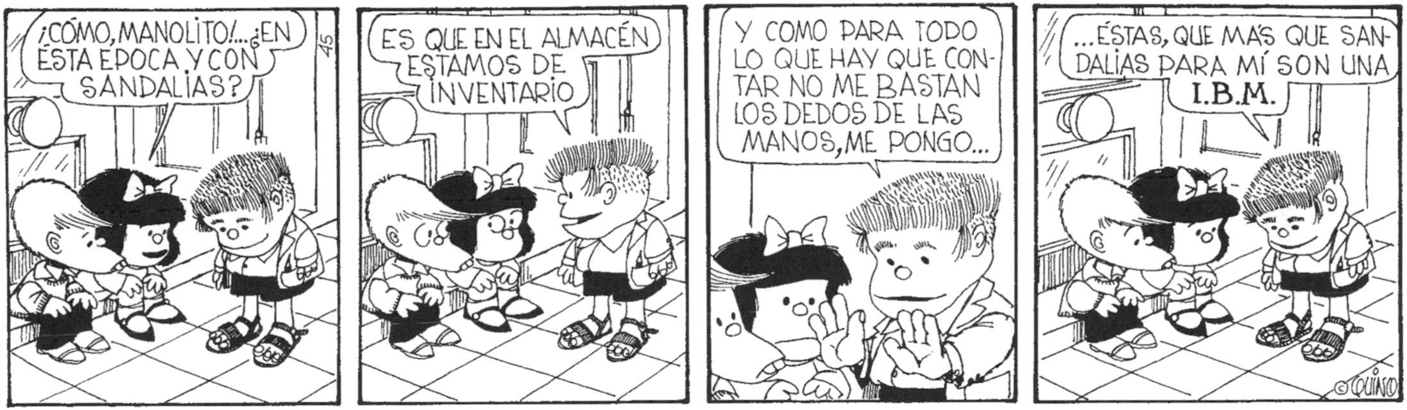
¡CÓMO, MANOLITO!...¿EN ÉSTA EPOCA Y CON SANDALIAS?
ES QUE EN EL ALMACÉN ESTAMOS DE INVENTARIO
Y COMO PARA TODO LO QUE HAY QUE CONTAR NO ME BASTAN LOS DEDOS DE LAS MANOS, ME PONGO...
...ÉSTAS, QUE MÁS QUE SANDALIAS PARA MÍ SON UNA I.B.M.
© QUINO

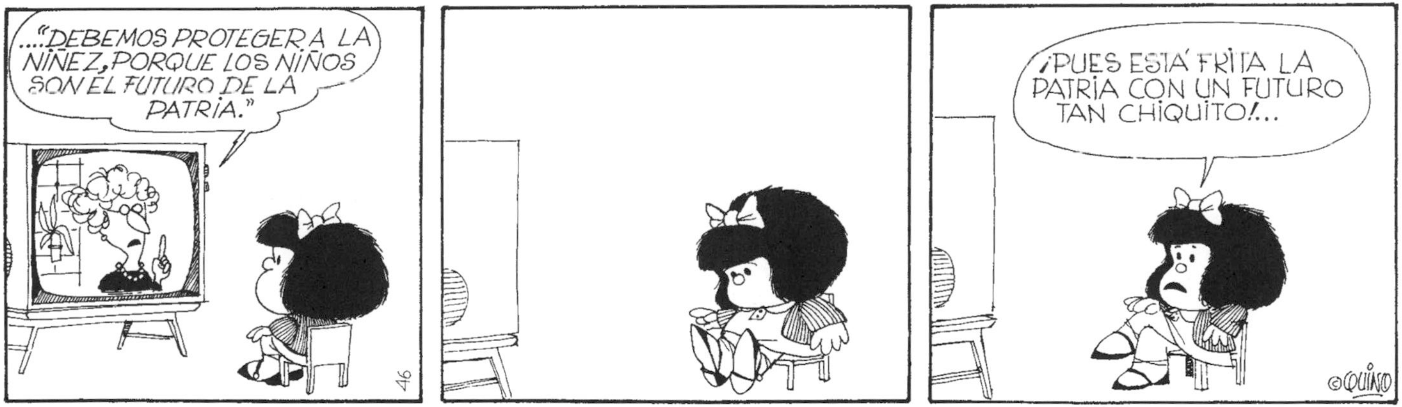
..."DEBEMOS PROTEGER A LA NIÑEZ, PORQUE LOS NIÑOS SON EL FUTURO DE LA PATRIA."
¡PUES ESTÁ FRITA LA PATRIA CON UN FUTURO TAN CHIQUITO!...
© QUINO

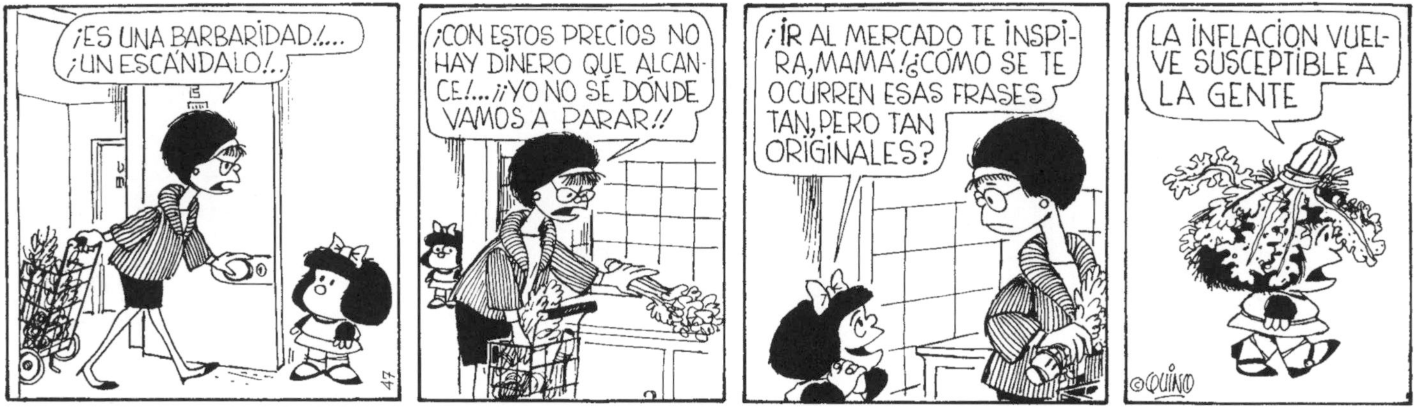
¡ES UNA BARBARIDAD!... ¡UN ESCÁNDALO!..
47
¡CON ESTOS PRECIOS NO HAY DINERO QUE ALCANCE!... ¡¡YO NO SÉ DÓNDE VAMOS A PARAR!!
¡IR AL MERCADO TE INSPIRA, MAMÁ! ¿CÓMO SE TE OCURREN ESAS FRASES TAN, PERO TAN ORIGINALES?
LA INFLACION VUELVE SUSCEPTIBLE A LA GENTE
©QUINO

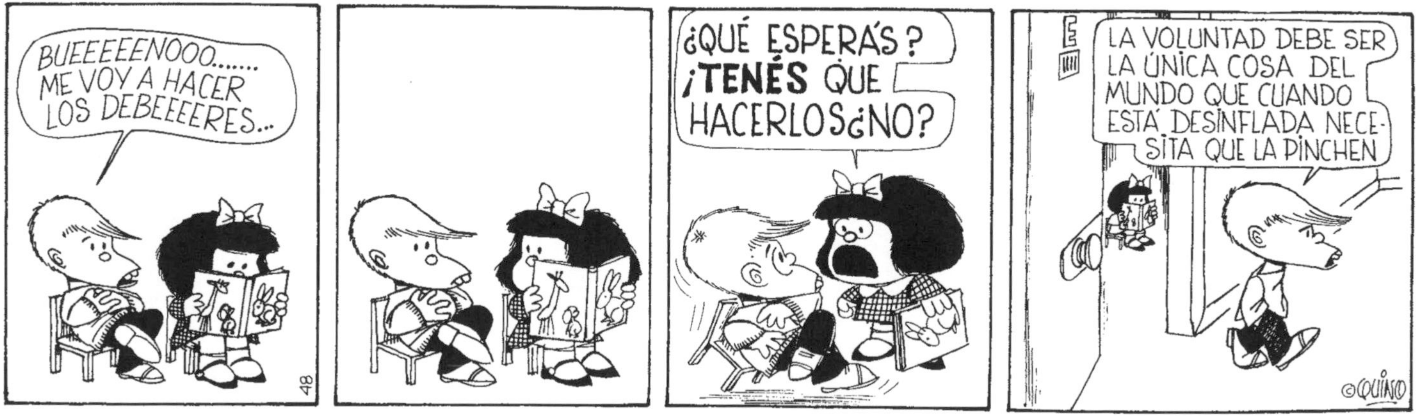
BUEEEEENOOO....... ME VOY A HACER LOS DEBEEEERES...
48
¿QUÉ ESPERÁS? ¡TENÉS QUE HACERLOS ¿NO?
LA VOLUNTAD DEBE SER LA ÚNICA COSA DEL MUNDO QUE CUANDO ESTÁ DESINFLADA NECESITA QUE LA PINCHEN
©QUINO

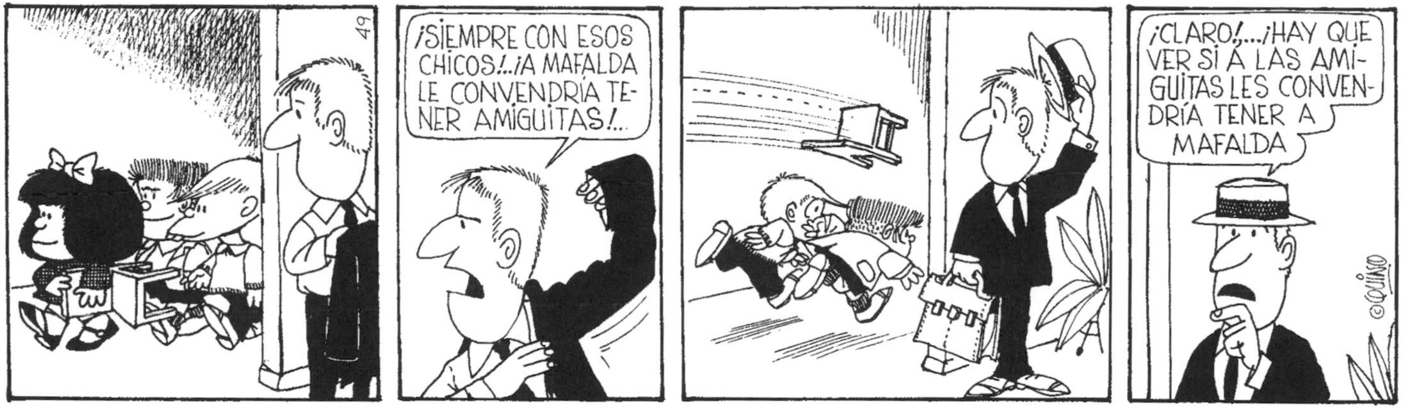
49
¡SIEMPRE CON ESOS CHICOS!...¡A MAFALDA LE CONVENDRÍA TENER AMIGUITAS!...
¡CLARO!,...¡HAY QUE VER SI A LAS AMIGUITAS LES CONVENDRÍA TENER A MAFALDA
©QUINO

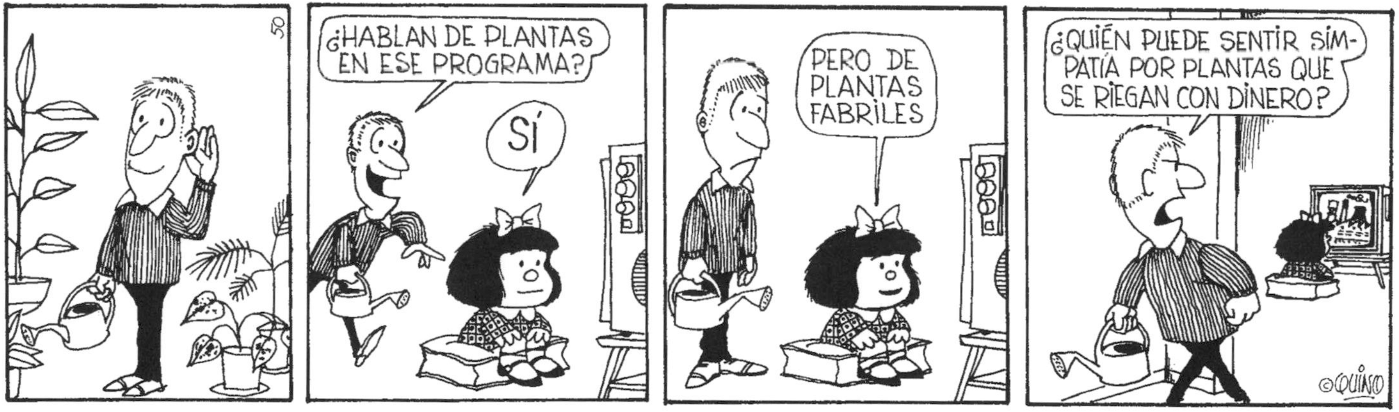
50
¿HABLAN DE PLANTAS EN ESE PROGRAMA?
SÍ
PERO DE PLANTAS FABRILES
¿QUIÉN PUEDE SENTIR SIMPATÍA POR PLANTAS QUE SE RIEGAN CON DINERO?
©QUINO

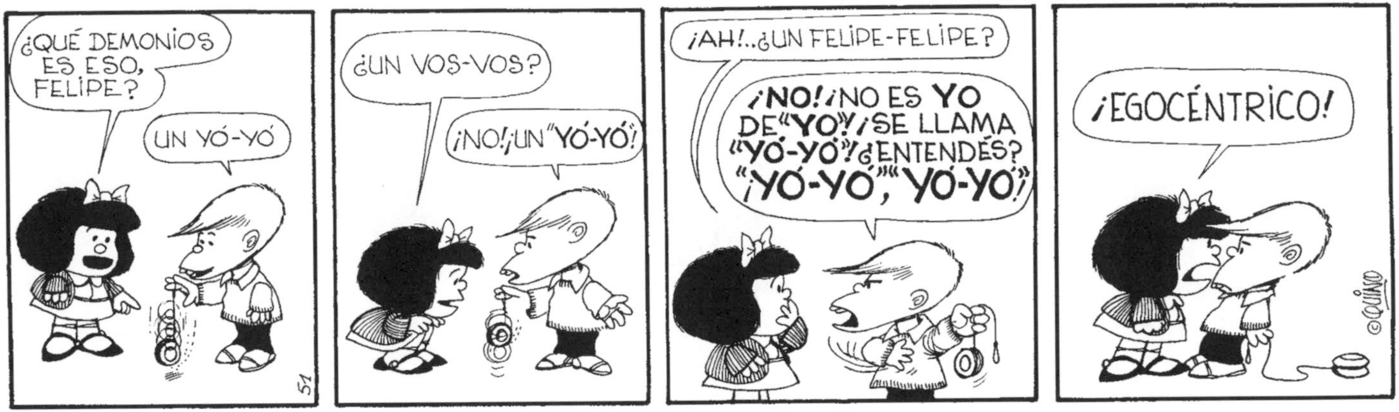
¿QUÉ DEMONIOS ES ESO, FELIPE?
UN YÓ-YÓ
51
¿UN VOS-VOS?
¡NO! ¡UN "YÓ-YÓ"!
¡AH!.. ¿UN FELIPE-FELIPE?
¡NO! ¡NO ES YO DE "YO"! ¡SE LLAMA "YÓ-YÓ"! ¿ENTENDÉS? "¡YÓ-YÓ", "YÓ-YÓ"!
¡EGOCÉNTRICO!
© QUINO

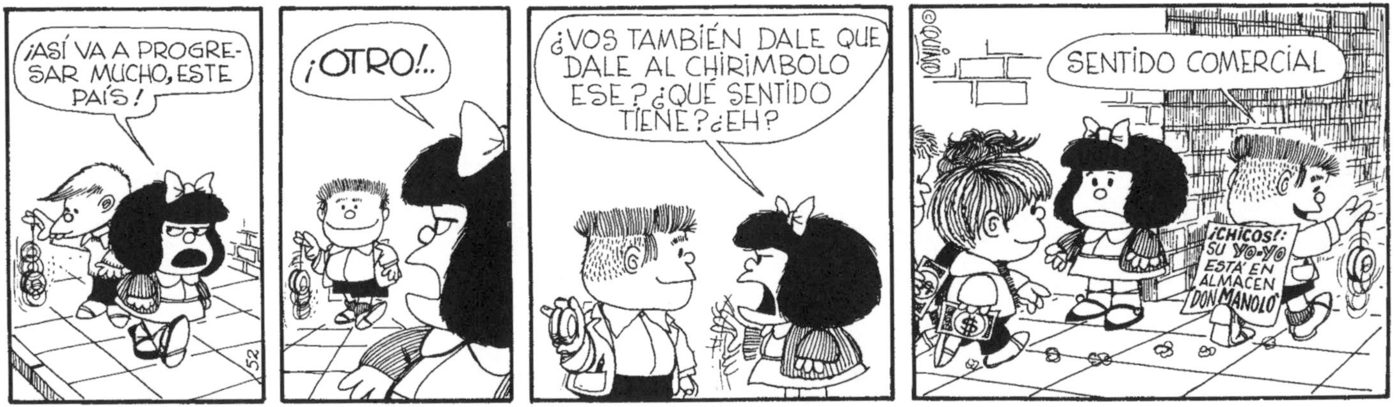
¡ASÍ VA A PROGRESAR MUCHO, ESTE PAÍS!
52
¡OTRO!..
¿VOS TAMBIÉN DALE QUE DALE AL CHIRIMBOLO ESE? ¿QUÉ SENTIDO TIENE? ¿EH?
© QUINO
SENTIDO COMERCIAL
¡CHICOS!: SU YO-YO ESTÁ EN ALMACEN DON MANOLO

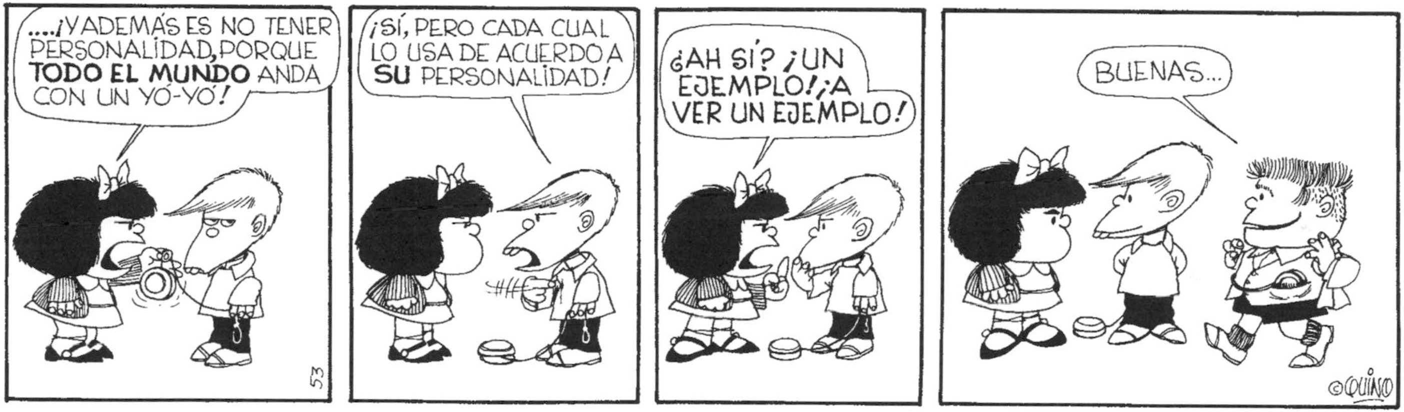
....¡Y ADEMÁS ES NO TENER PERSONALIDAD, PORQUE **TODO EL MUNDO** ANDA CON UN YÓ-YÓ!
53
¡SÍ, PERO CADA CUAL LO USA DE ACUERDO A **SU** PERSONALIDAD!
¿AH SÍ? ¡UN EJEMPLO! ¡A VER UN EJEMPLO!
BUENAS...
©QUINO

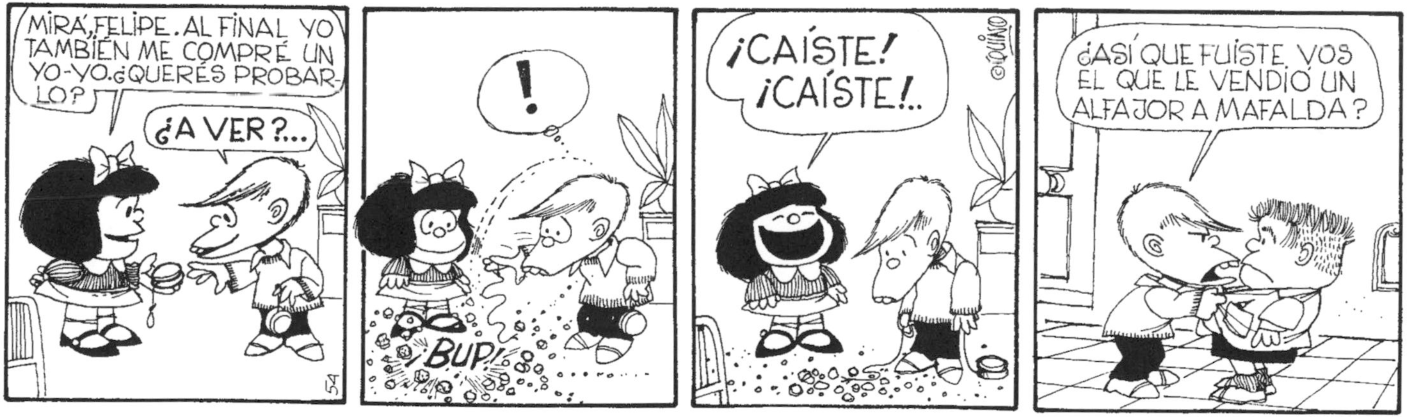
MIRÁ, FELIPE. AL FINAL YO TAMBIÉN ME COMPRÉ UN YO-YO. ¿QUERÉS PROBARLO?
¿A VER?...
54
!
¡BUP!
¡CAÍSTE! ¡CAÍSTE!..
©QUINO
¿ASÍ QUE FUISTE VOS EL QUE LE VENDIÓ UN ALFAJOR A MAFALDA?

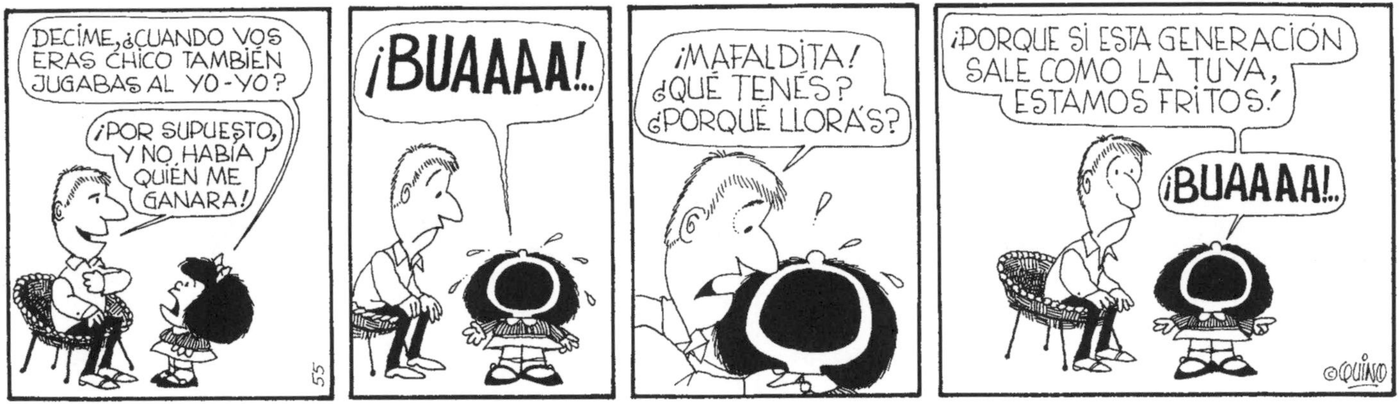
DECIME, ¿CUANDO VOS ERAS CHICO TAMBIÉN JUGABAS AL YO-YO?
¡POR SUPUESTO, Y NO HABÍA QUIÉN ME GANARA!
55
¡BUAAAA!..
¡MAFALDITA! ¿QUÉ TENÉS? ¿PORQUÉ LLORÁS?
¡PORQUE SI ESTA GENERACIÓN SALE COMO LA TUYA, ESTAMOS FRITOS!
¡BUAAAA!..
©QUINO

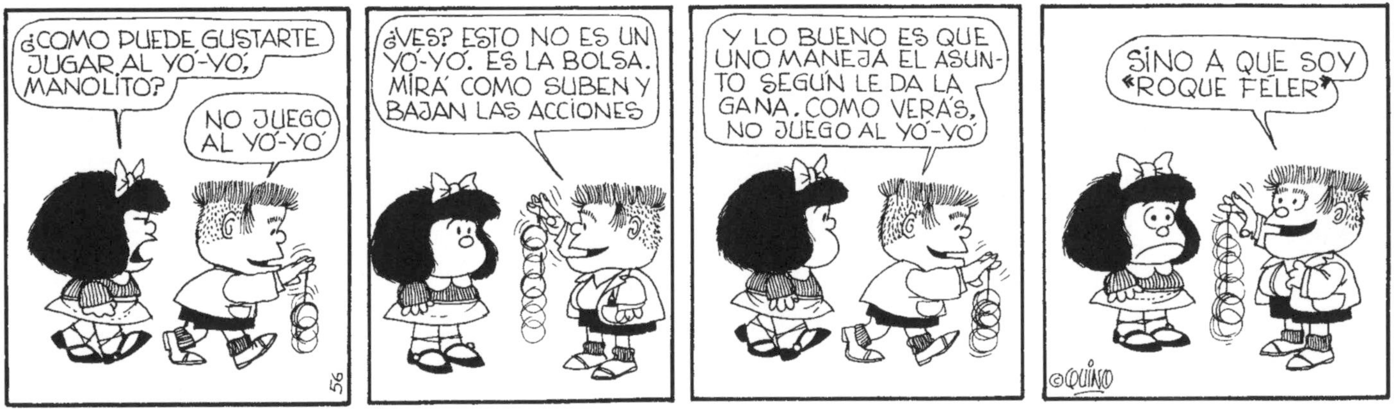
¿COMO PUEDE GUSTARTE JUGAR AL YÓ-YÓ, MANOLITO?
NO JUEGO AL YÓ-YÓ
56
¿VES? ESTO NO ES UN YÓ-YÓ. ES LA BOLSA. MIRÁ COMO SUBEN Y BAJAN LAS ACCIONES
Y LO BUENO ES QUE UNO MANEJA EL ASUNTO SEGÚN LE DA LA GANA. COMO VERÁS, NO JUEGO AL YÓ-YÓ
SINO A QUE SOY «ROQUE FÉLER»
©QUINO

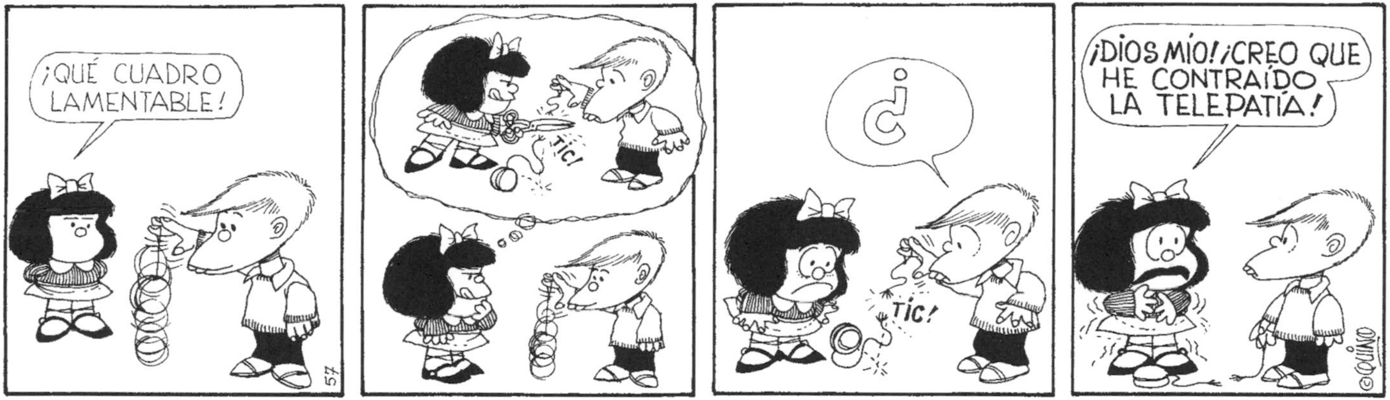
¡QUÉ CUADRO LAMENTABLE!
57
TIC!
¿
TIC!
¡DIOS MÍO! ¡CREO QUE HE CONTRAÍDO LA TELEPATÍA!
© QUINO

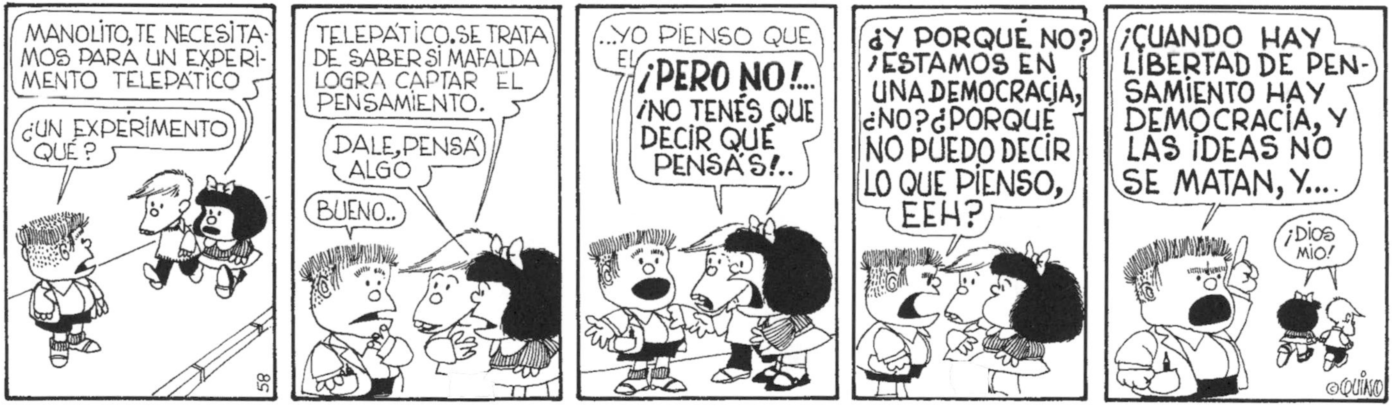
MANOLITO, TE NECESITAMOS PARA UN EXPERIMENTO TELEPÁTICO
¿UN EXPERIMENTO QUÉ?
58
TELEPÁTICO. SE TRATA DE SABER SI MAFALDA LOGRA CAPTAR EL PENSAMIENTO.
DALE, PENSÁ ALGO
BUENO..
...YO PIENSO QUE EL
¡PERO NO!... ¡NO TENÉS QUE DECIR QUÉ PENSÁS!..
¿Y PORQUÉ NO? ¡ESTAMOS EN UNA DEMOCRACIA, ¿NO? ¿PORQUÉ NO PUEDO DECIR LO QUE PIENSO, EEH?
¡CUANDO HAY LIBERTAD DE PENSAMIENTO HAY DEMOCRACIA, Y LAS IDEAS NO SE MATAN, Y...
¡DIOS MIO!
© QUINO

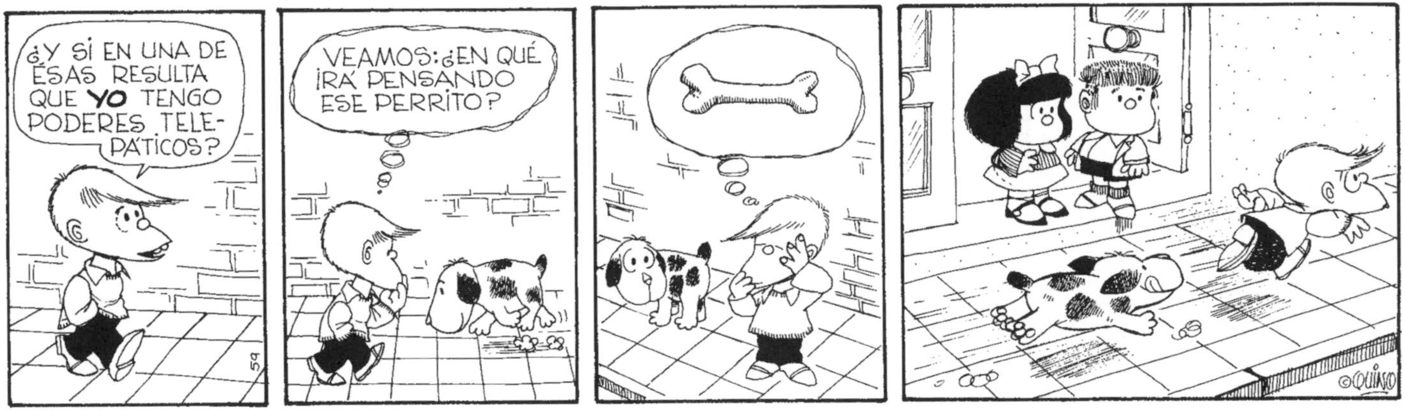
¿Y SI EN UNA DE ÉSAS RESULTA QUE **YO** TENGO PODERES TELEPÁTICOS?
59
VEAMOS: ¿EN QUÉ IRÁ PENSANDO ESE PERRITO?
©QUINO

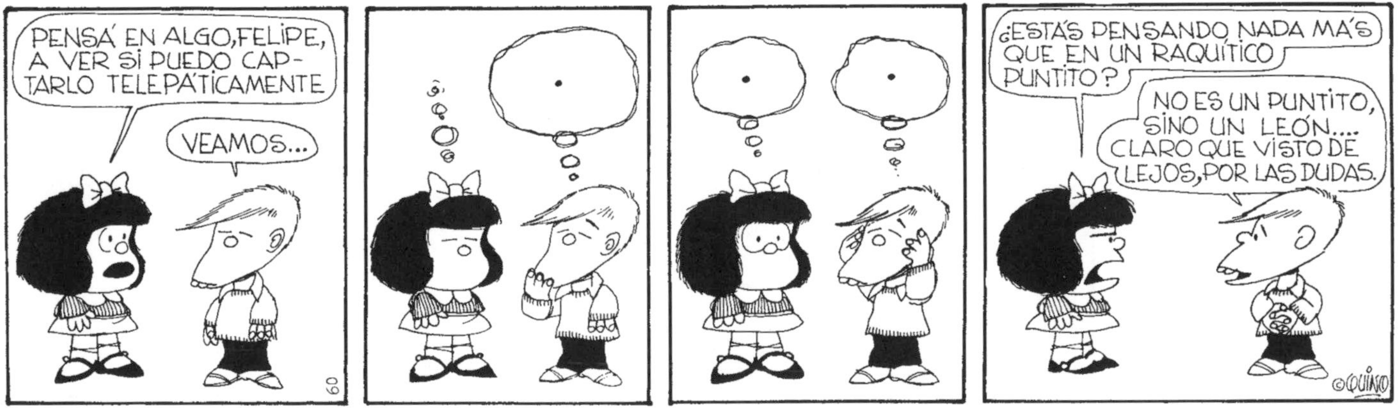
PENSÁ EN ALGO, FELIPE, A VER SI PUEDO CAPTARLO TELEPÁTICAMENTE
VEAMOS...
60
¿ESTÁS PENSANDO NADA MÁS QUE EN UN RAQUÍTICO PUNTITO?
NO ES UN PUNTITO, SINO UN LEÓN.... CLARO QUE VISTO DE LEJOS, POR LAS DUDAS.
©QUINO

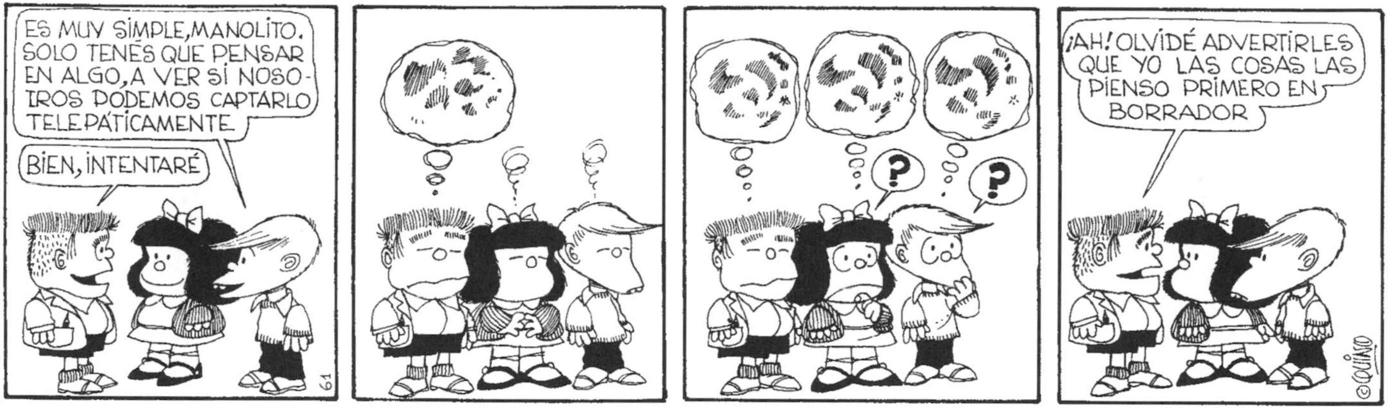
ES MUY SIMPLE, MANOLITO. SOLO TENÉS QUE PENSAR EN ALGO, A VER SI NOSOTROS PODEMOS CAPTARLO TELEPÁTICAMENTE
BIEN, INTENTARÉ
¡AH! OLVIDÉ ADVERTIRLES QUE YO LAS COSAS LAS PIENSO PRIMERO EN BORRADOR

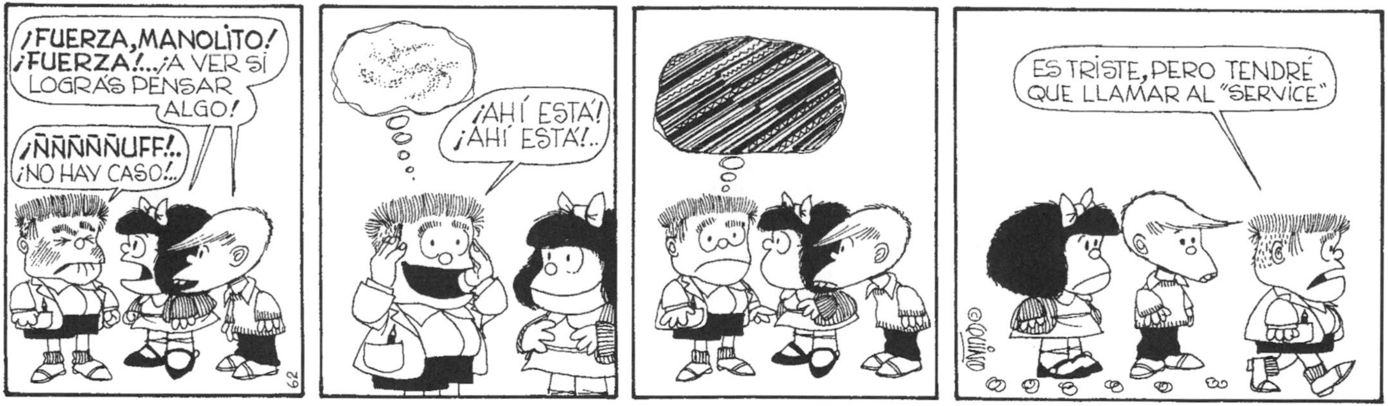
¡FUERZA, MANOLITO! ¡FUERZA!... ¡A VER SI LOGRÁS PENSAR ALGO!
¡ÑÑÑÑÑUFF!.. ¡NO HAY CASO!..
¡AHÍ ESTÁ! ¡AHÍ ESTÁ!..
ES TRISTE, PERO TENDRÉ QUE LLAMAR AL "SERVICE"

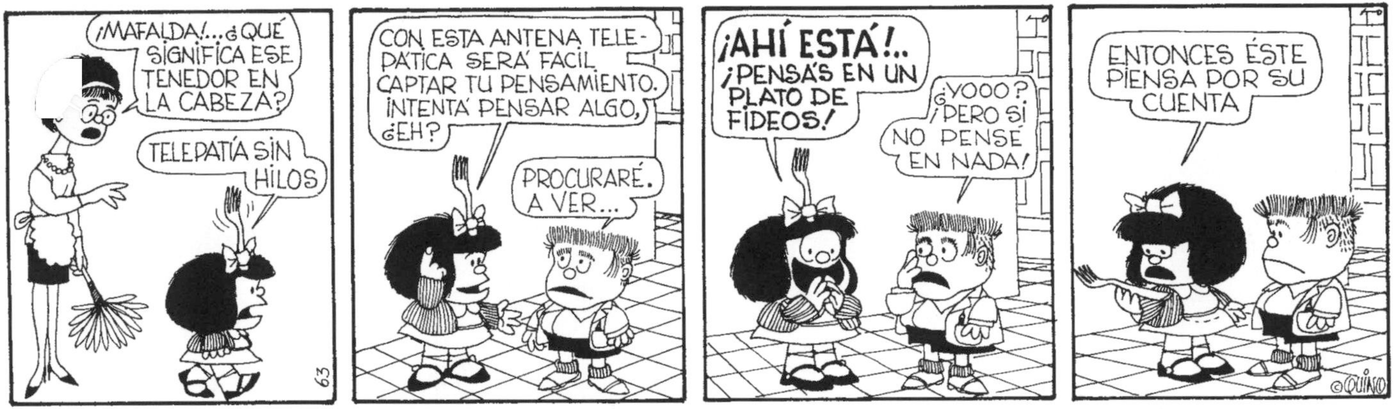
¡MAFALDA!... ¿QUÉ SIGNIFICA ESE TENEDOR EN LA CABEZA?
TELEPATÍA SIN HILOS
63
CON ESTA ANTENA TELEPÁTICA SERÁ FACIL CAPTAR TU PENSAMIENTO. ¡INTENTÁ PENSAR ALGO, ¿EH?
PROCURARÉ. A VER...
¡AHÍ ESTÁ!.. ¡PENSÁS EN UN PLATO DE FIDEOS!
¿YOOO? ¡PERO SI NO PENSÉ EN NADA!
ENTONCES ÉSTE PIENSA POR SU CUENTA
©QUINO

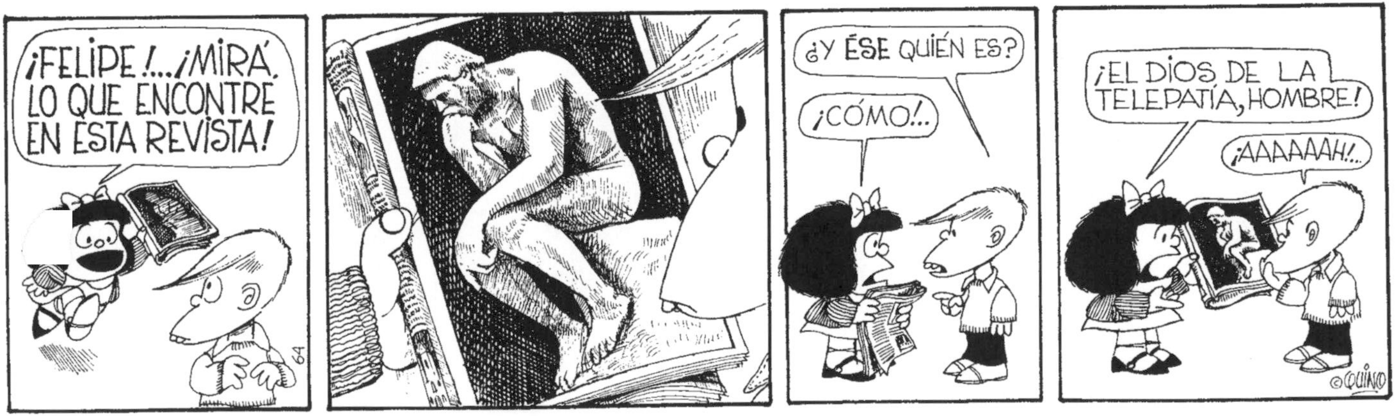
¡FELIPE!...¡MIRÁ LO QUE ENCONTRÉ EN ESTA REVISTA!
64
¿Y ÉSE QUIÉN ES?
¡CÓMO!..
¡EL DIOS DE LA TELEPATÍA, HOMBRE!
¡AAAAAAH!...
©QUINO

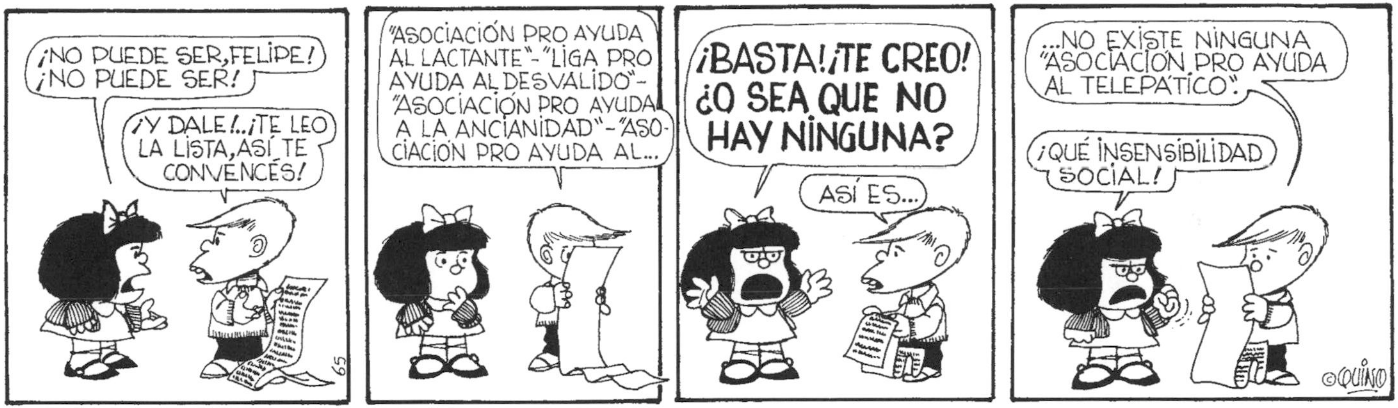
¡NO PUEDE SER, FELIPE! ¡NO PUEDE SER!
¡Y DALE!.. ¡TE LEO LA LISTA, ASÍ TE CONVENCÉS!
65
"ASOCIACIÓN PRO AYUDA AL LACTANTE" - "LIGA PRO AYUDA AL DESVALIDO" - "ASOCIACIÓN PRO AYUDA A LA ANCIANIDAD" - "ASOCIACIÓN PRO AYUDA AL...
¡BASTA! ¡TE CREO! ¿O SEA QUE NO HAY NINGUNA?
ASÍ ES...
...NO EXISTE NINGUNA "ASOCIACIÓN PRO AYUDA AL TELEPÁTICO".
¡QUÉ INSENSIBILIDAD SOCIAL!
©QUINO

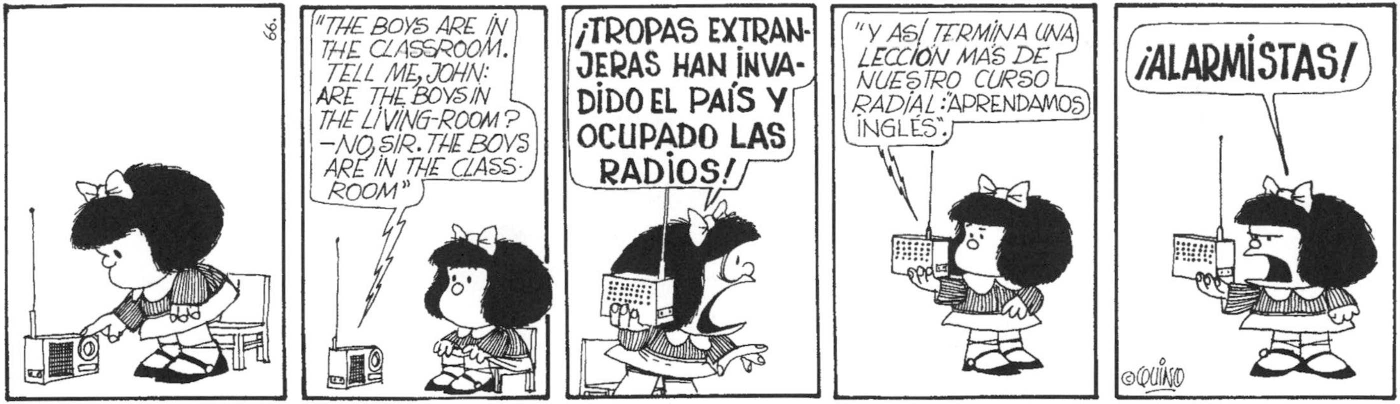
66.
"THE BOYS ARE IN THE CLASSROOM. TELL ME, JOHN: ARE THE BOYS IN THE LIVING-ROOM? —NO, SIR. THE BOYS ARE IN THE CLASSROOM"
¡TROPAS EXTRANJERAS HAN INVADIDO EL PAÍS Y OCUPADO LAS RADIOS!
"Y ASÍ TERMINA UNA LECCIÓN MÁS DE NUESTRO CURSO RADIAL: "APRENDAMOS INGLÉS".
¡ALARMISTAS!
©QUINO

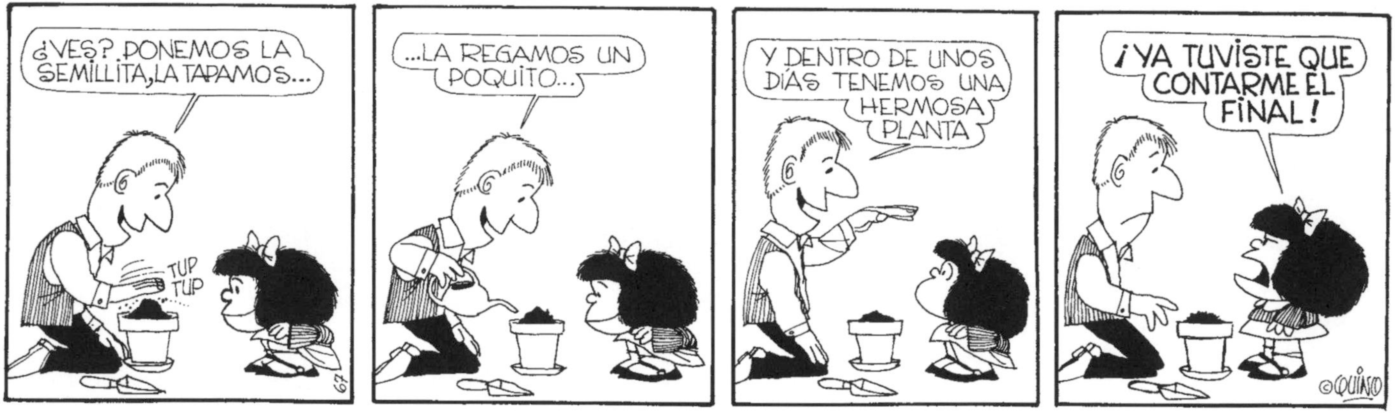
¿VES? PONEMOS LA SEMILLITA, LA TAPAMOS...
TUP TUP
67
...LA REGAMOS UN POQUITO...
Y DENTRO DE UNOS DÍAS TENEMOS UNA HERMOSA PLANTA
¡YA TUVISTE QUE CONTARME EL FINAL!
©QUINO

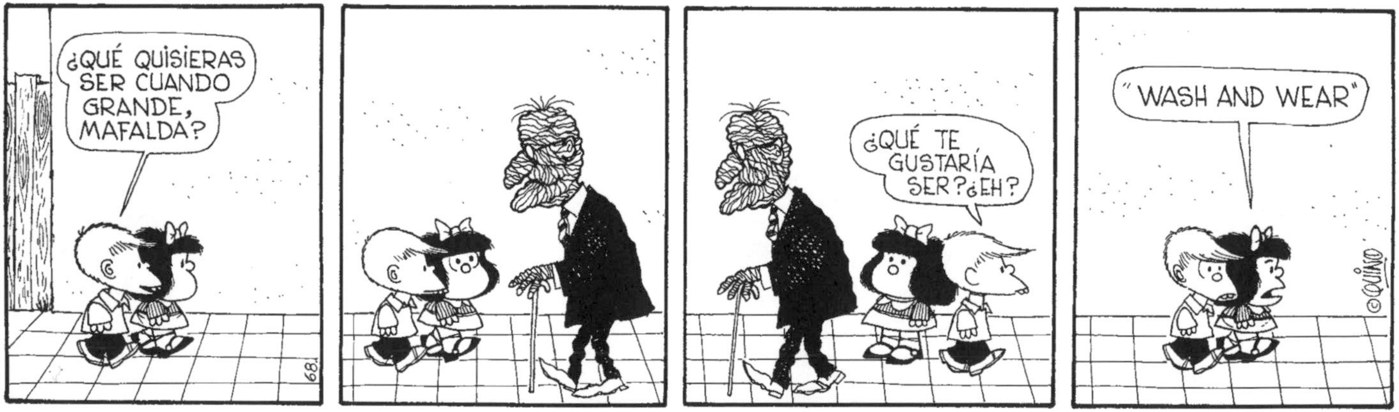
¿QUÉ QUISIERAS SER CUANDO GRANDE, MAFALDA?
68.
¿QUÉ TE GUSTARÍA SER? ¿EH?
"WASH AND WEAR"
©QUINO

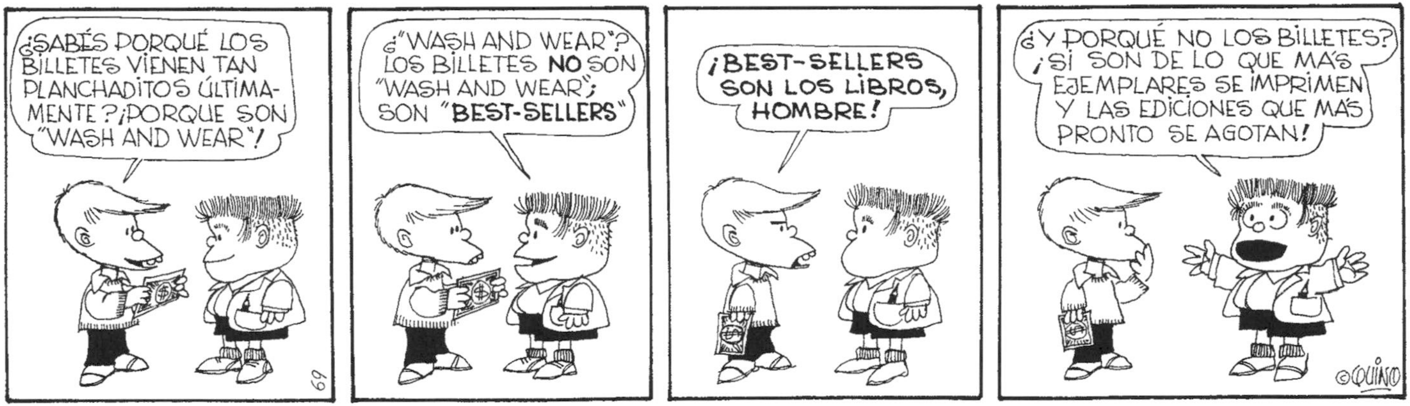
¿SABÉS PORQUÉ LOS BILLETES VIENEN TAN PLANCHADITOS ÚLTIMAMENTE? ¡PORQUE SON "WASH AND WEAR"!
69
¿"WASH AND WEAR"? LOS BILLETES **NO** SON "WASH AND WEAR"; SON "**BEST-SELLERS**"
¡BEST-SELLERS SON LOS LIBROS, HOMBRE!
¿Y PORQUÉ NO LOS BILLETES? ¡SI SON DE LO QUE MÁS EJEMPLARES SE IMPRIMEN Y LAS EDICIONES QUE MÁS PRONTO SE AGOTAN!
©QUINO

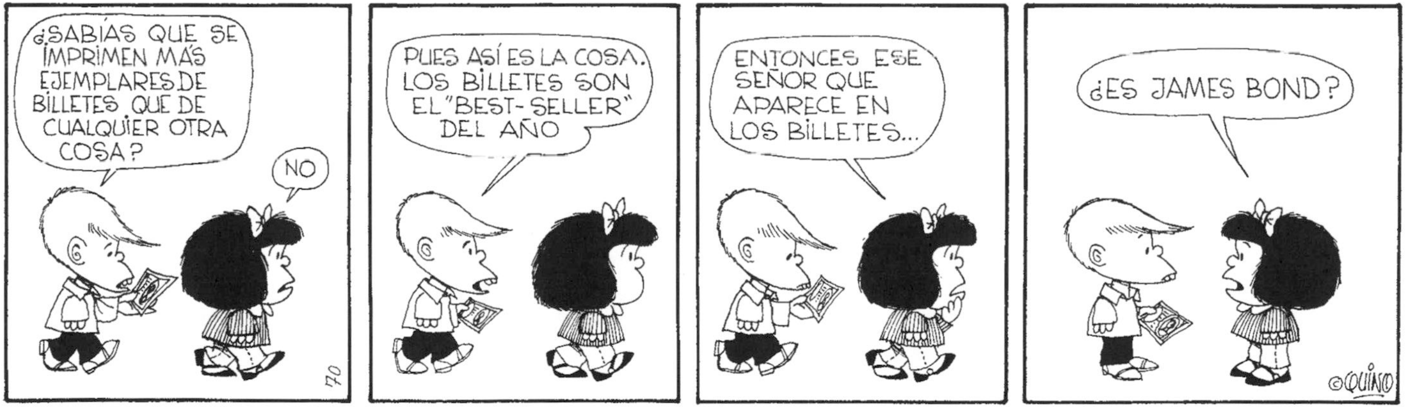
¿SABÍAS QUE SE IMPRIMEN MÁS EJEMPLARES DE BILLETES QUE DE CUALQUIER OTRA COSA?
NO
70
PUES ASÍ ES LA COSA. LOS BILLETES SON EL "BEST-SELLER" DEL AÑO
ENTONCES ESE SEÑOR QUE APARECE EN LOS BILLETES...
¿ES JAMES BOND?
©QUINO

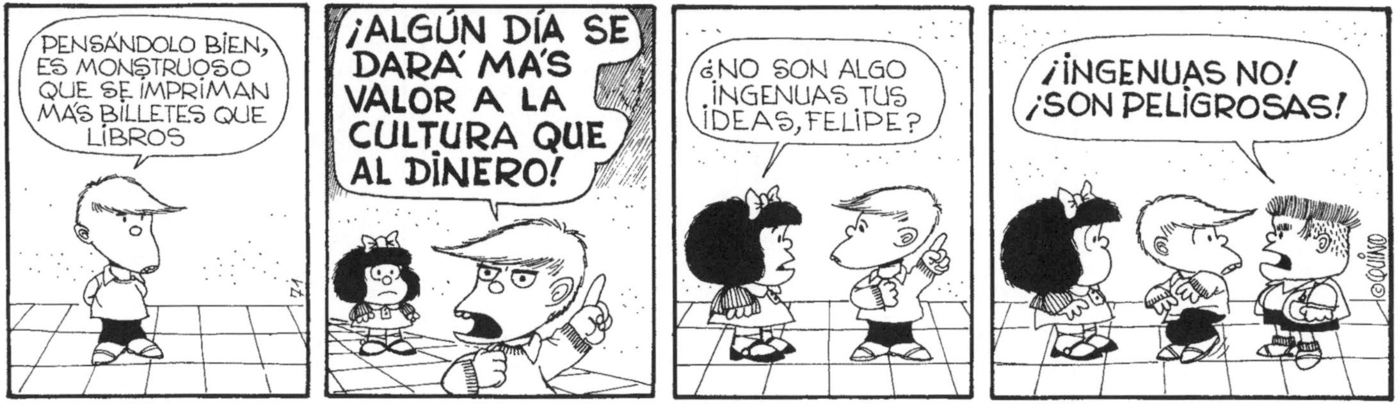
PENSÁNDOLO BIEN, ES MONSTRUOSO QUE SE IMPRIMAN MÁS BILLETES QUE LIBROS
¡ALGÚN DÍA SE DARÁ MÁS VALOR A LA CULTURA QUE AL DINERO!
¿NO SON ALGO INGENUAS TUS IDEAS, FELIPE?
¡INGENUAS NO! ¡SON PELIGROSAS!
©QUINO

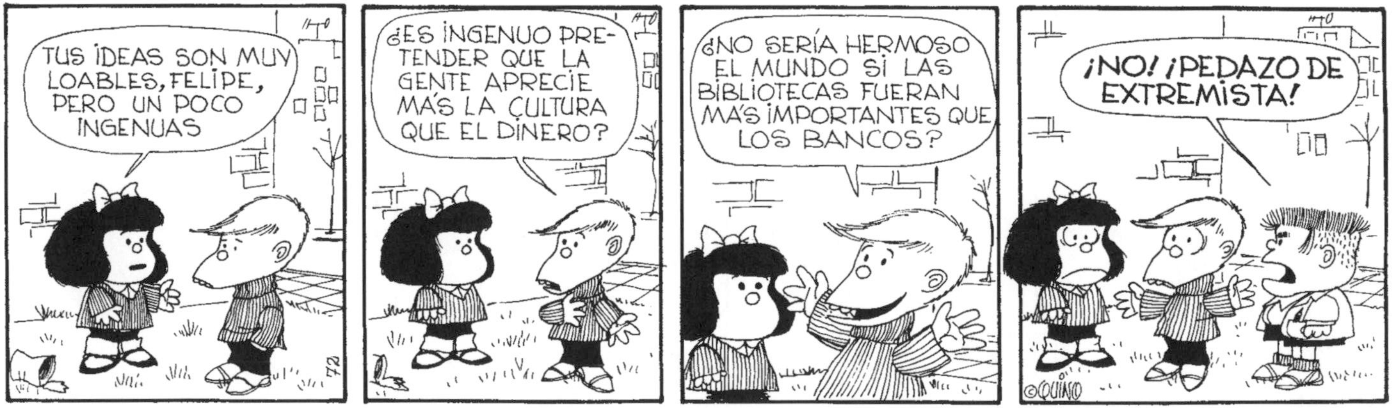
TUS IDEAS SON MUY LOABLES, FELIPE, PERO UN POCO INGENUAS
¿ES INGENUO PRETENDER QUE LA GENTE APRECIE MÁS LA CULTURA QUE EL DINERO?
¿NO SERÍA HERMOSO EL MUNDO SI LAS BIBLIOTECAS FUERAN MÁS IMPORTANTES QUE LOS BANCOS?
¡NO! ¡PEDAZO DE EXTREMISTA!
©QUINO

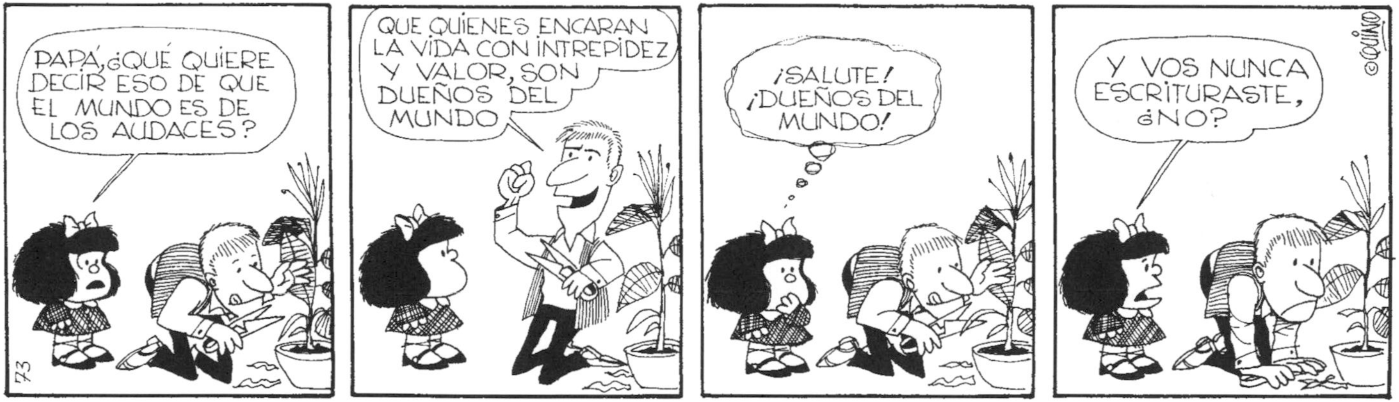
PAPÁ, ¿QUÉ QUIERE DECIR ESO DE QUE EL MUNDO ES DE LOS AUDACES?
73
QUE QUIENES ENCARAN LA VIDA CON INTREPIDEZ Y VALOR, SON DUEÑOS DEL MUNDO
¡SALUTE! ¡DUEÑOS DEL MUNDO!
Y VOS NUNCA ESCRITURASTE, ¿NO?
©QUINO

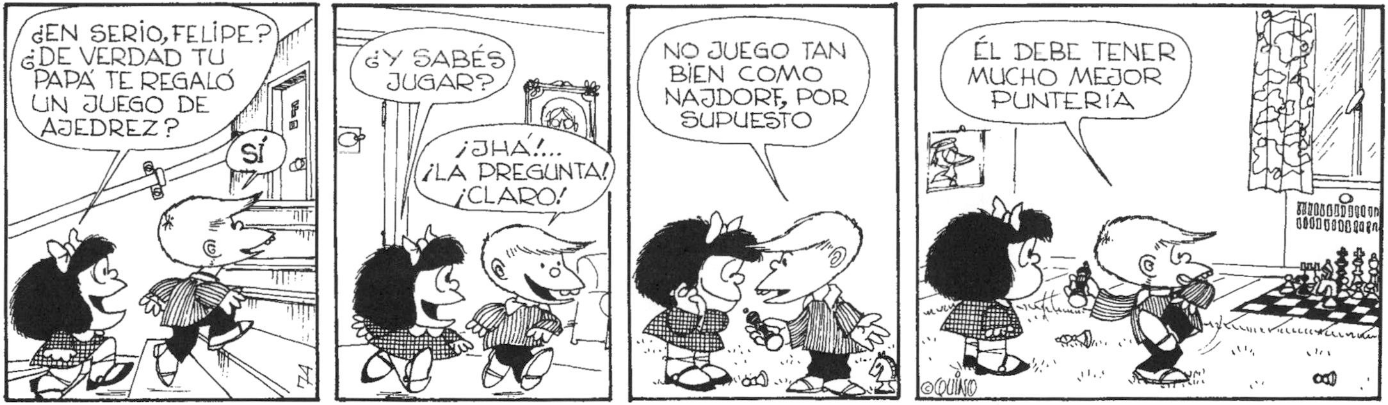
¿EN SERIO, FELIPE? ¿DE VERDAD TU PAPÁ TE REGALÓ UN JUEGO DE AJEDREZ?
SÍ
74
¿Y SABÉS JUGAR?
¡JHÁ!... ¡LA PREGUNTA! ¡CLARO!
NO JUEGO TAN BIEN COMO NAJDORF, POR SUPUESTO
ÉL DEBE TENER MUCHO MEJOR PUNTERÍA
©QUINO

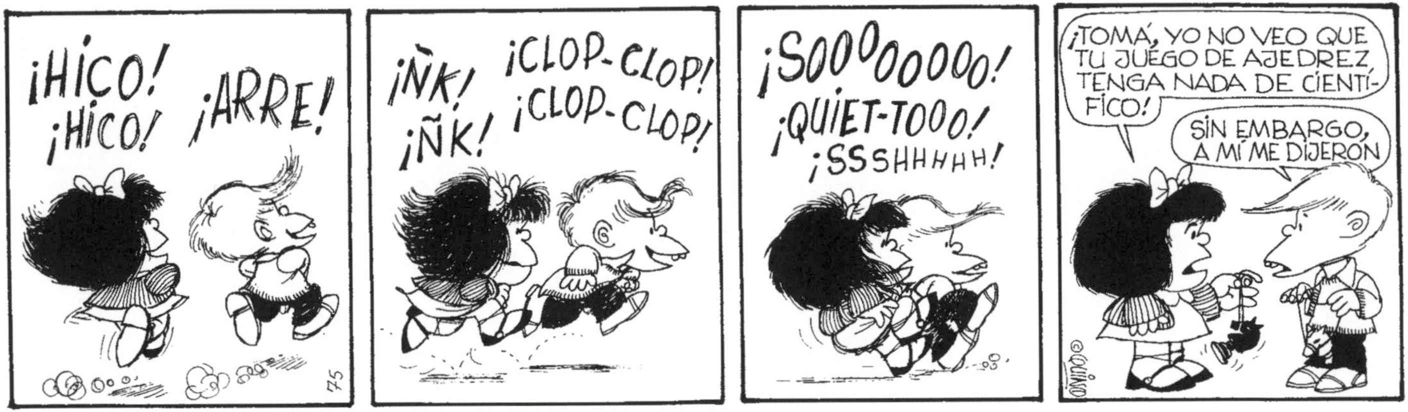
¡HICO! ¡HICO!
¡ARRE!
75
¡ÑK! ¡ÑK!
¡CLOP-CLOP! ¡CLOP-CLOP!
¡SOOOOOOOO! ¡QUIET-TOOO! ¡SSSHHHHH!
¡TOMÁ, YO NO VEO QUE TU JUEGO DE AJEDREZ TENGA NADA DE CIENTÍFICO!
SIN EMBARGO, A MÍ ME DIJERON
©QUINO

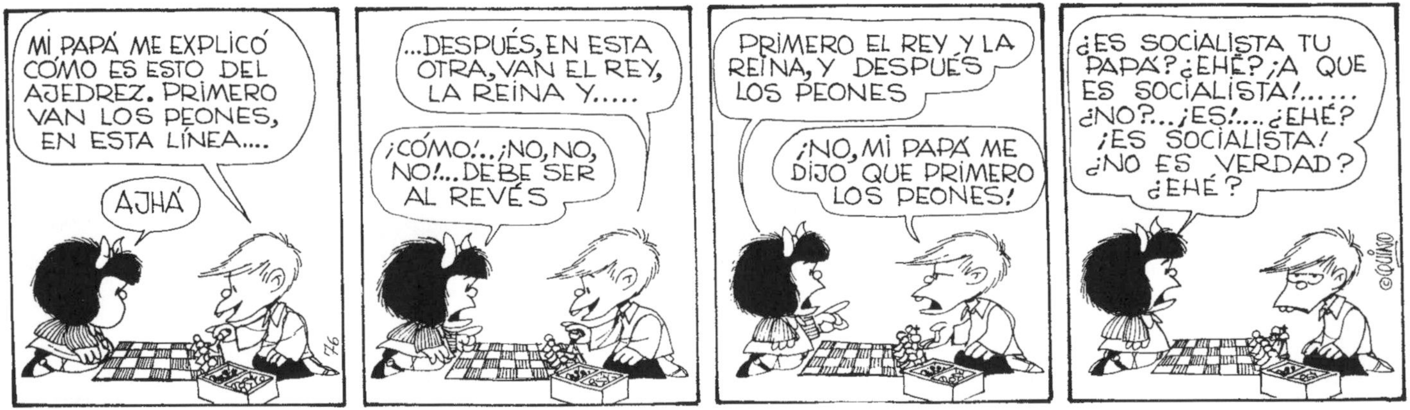
MI PAPÁ ME EXPLICÓ CÓMO ES ESTO DEL AJEDREZ. PRIMERO VAN LOS PEONES, EN ESTA LÍNEA....
AJHÁ
76
...DESPUÉS, EN ESTA OTRA, VAN EL REY, LA REINA Y.....
¡CÓMO!..¡NO, NO, NO!... DEBE SER AL REVÉS
PRIMERO EL REY Y LA REINA, Y DESPUÉS LOS PEONES
¡NO, MI PAPÁ ME DIJO QUE PRIMERO LOS PEONES!
¿ES SOCIALISTA TU PAPÁ? ¿EHÉ? ¡A QUE ES SOCIALISTA!...... ¿NO?... ¡ES!.... ¿EHÉ? ¡ES SOCIALISTA! ¿NO ES VERDAD? ¿EHÉ?
©QUINO

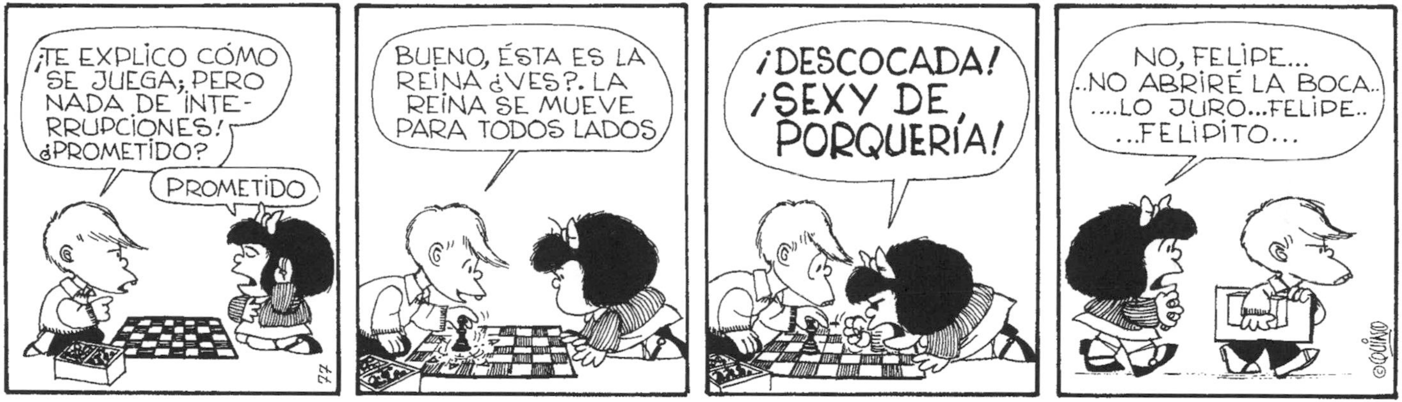
¡TE EXPLICO CÓMO SE JUEGA; PERO NADA DE INTERRUPCIONES! ¿PROMETIDO?
PROMETIDO
77
BUENO, ÉSTA ES LA REINA ¿VES?. LA REINA SE MUEVE PARA TODOS LADOS
¡DESCOCADA! ¡SEXY DE PORQUERÍA!
NO, FELIPE... ..NO ABRIRÉ LA BOCA.. ....LO JURO...FELIPE.. ...FELIPITO...
©QUINO

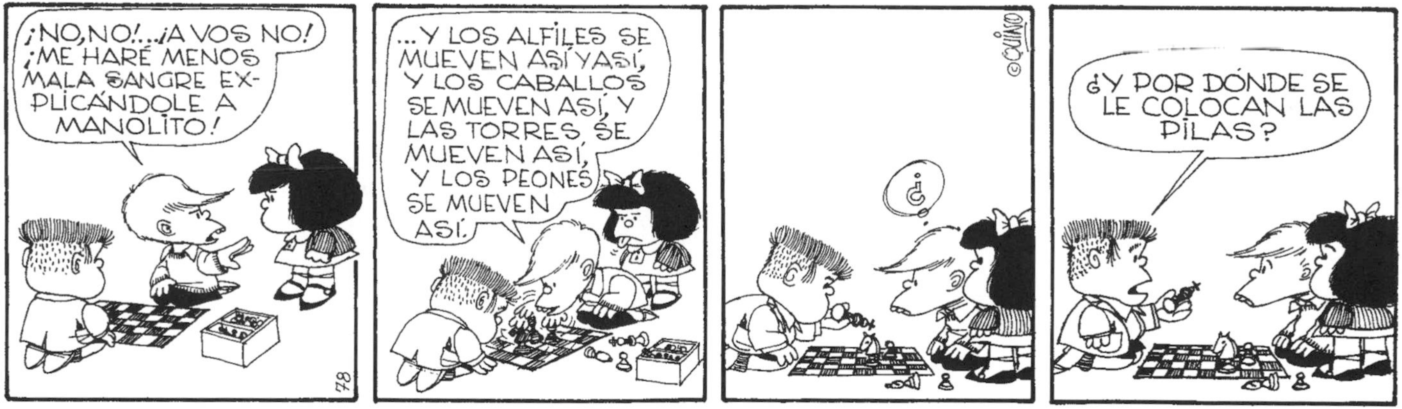
¡NO,NO!...¡A VOS NO! ¡ME HARÉ MENOS MALA SANGRE EXPLICÁNDOLE A MANOLITO!
78
...Y LOS ALFILES SE MUEVEN ASÍ Y ASÍ, Y LOS CABALLOS SE MUEVEN ASÍ, Y LAS TORRES SE MUEVEN ASÍ, Y LOS PEONES SE MUEVEN ASÍ.
©QUINO
¿
¿Y POR DÓNDE SE LE COLOCAN LAS PILAS?

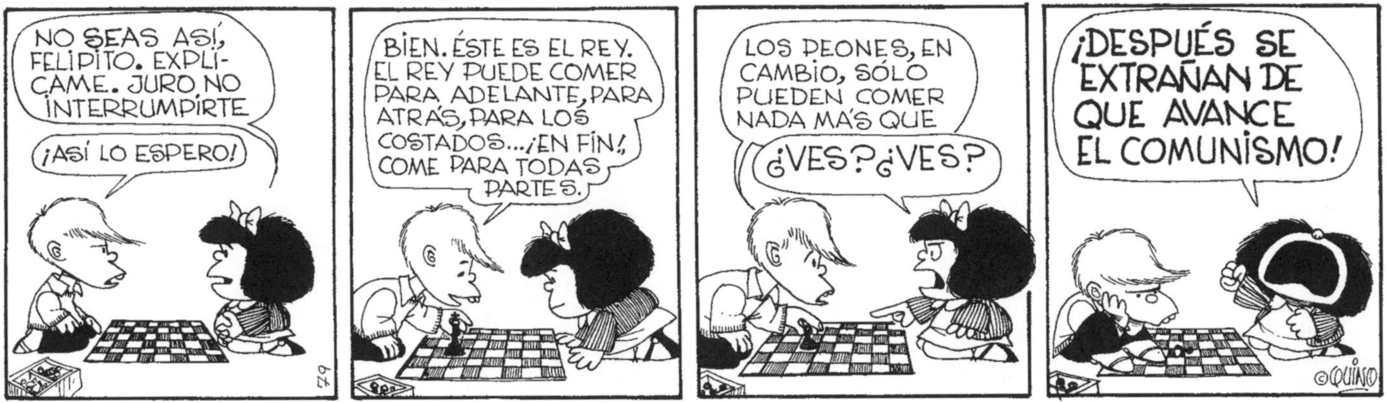
NO SEAS ASÍ, FELIPITO. EXPLÍCAME. JURO NO INTERRUMPIRTE
¡ASÍ LO ESPERO!
BIEN. ÉSTE ES EL REY. EL REY PUEDE COMER PARA ADELANTE, PARA ATRÁS, PARA LOS COSTADOS...¡EN FIN!, COME PARA TODAS PARTES.
LOS PEONES, EN CAMBIO, SÓLO PUEDEN COMER NADA MÁS QUE
¿VES?¿VES?
¡DESPUÉS SE EXTRAÑAN DE QUE AVANCE EL COMUNISMO!

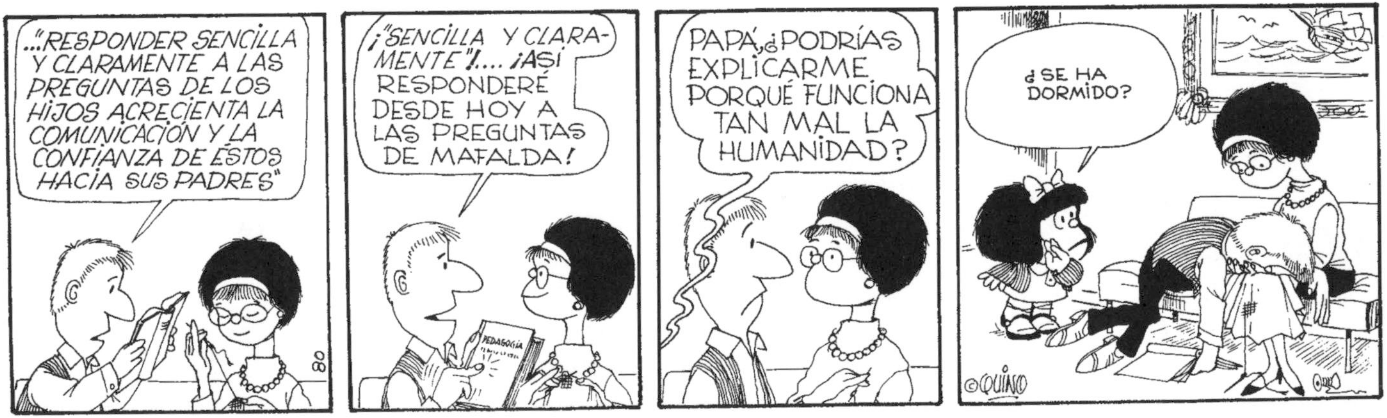
..."RESPONDER SENCILLA Y CLARAMENTE A LAS PREGUNTAS DE LOS HIJOS ACRECIENTA LA COMUNICACIÓN Y LA CONFIANZA DE ÉSTOS HACIA SUS PADRES"
¡"SENCILLA Y CLARAMENTE"!... ¡ASÍ RESPONDERÉ DESDE HOY A LAS PREGUNTAS DE MAFALDA!
PEDAGOGÍA
PAPÁ, ¿PODRÍAS EXPLICARME PORQUÉ FUNCIONA TAN MAL LA HUMANIDAD?
¿SE HA DORMIDO?

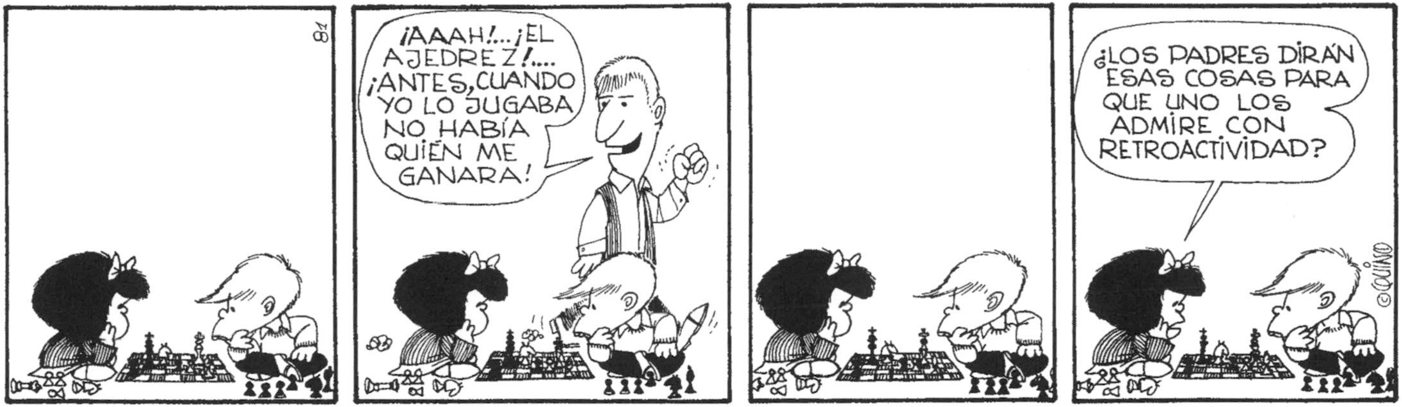
81
¡AAAH!... ¡EL AJEDREZ!.... ¡ANTES, CUANDO YO LO JUGABA NO HABÍA QUIÉN ME GANARA!
¿LOS PADRES DIRÁN ESAS COSAS PARA QUE UNO LOS ADMIRE CON RETROACTIVIDAD?
©QUINO

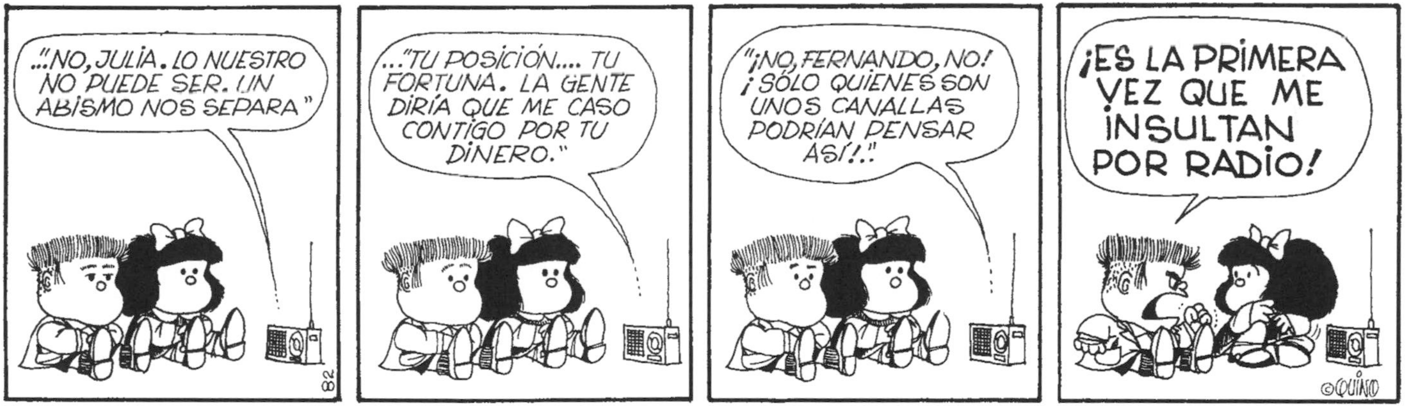
..."NO, JULIA. LO NUESTRO NO PUEDE SER. UN ABISMO NOS SEPARA"
..."TU POSICIÓN.... TU FORTUNA. LA GENTE DIRÍA QUE ME CASO CONTIGO POR TU DINERO."
"¡NO, FERNANDO, NO! ¡SÓLO QUIENES SON UNOS CANALLAS PODRÍAN PENSAR ASÍ!."
82
¡ES LA PRIMERA VEZ QUE ME INSULTAN POR RADIO!
©QUINO

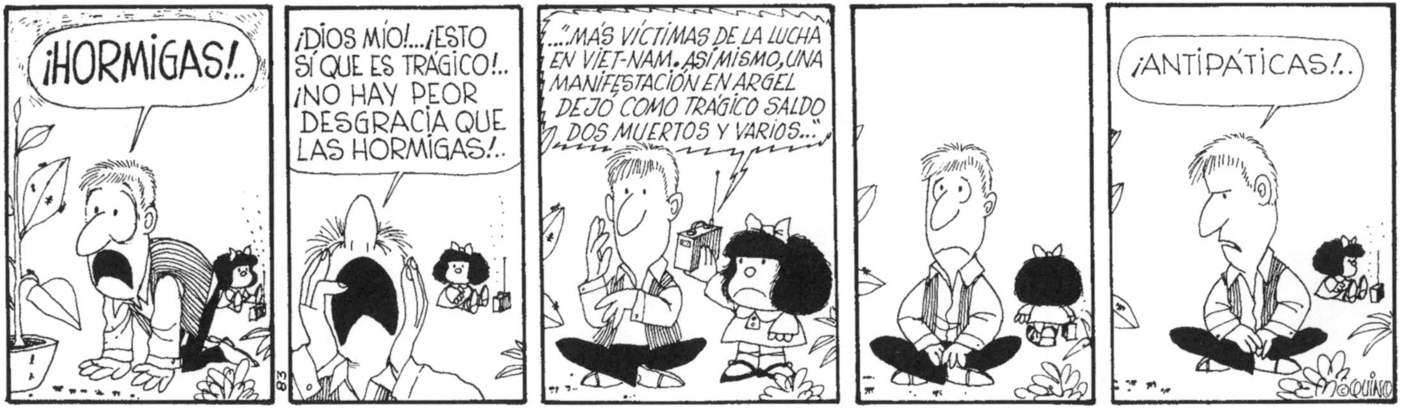
¡HORMIGAS!..
¡DIOS MIO!...¡ESTO SÍ QUE ES TRÁGICO!.. ¡NO HAY PEOR DESGRACIA QUE LAS HORMIGAS!..
83
..."MÁS VÍCTIMAS DE LA LUCHA EN VIET-NAM. ASÍ MISMO, UNA MANIFESTACIÓN EN ARGEL DEJÓ COMO TRÁGICO SALDO DOS MUERTOS Y VARIOS..."
¡ANTIPÁTICAS!..
©QUINO

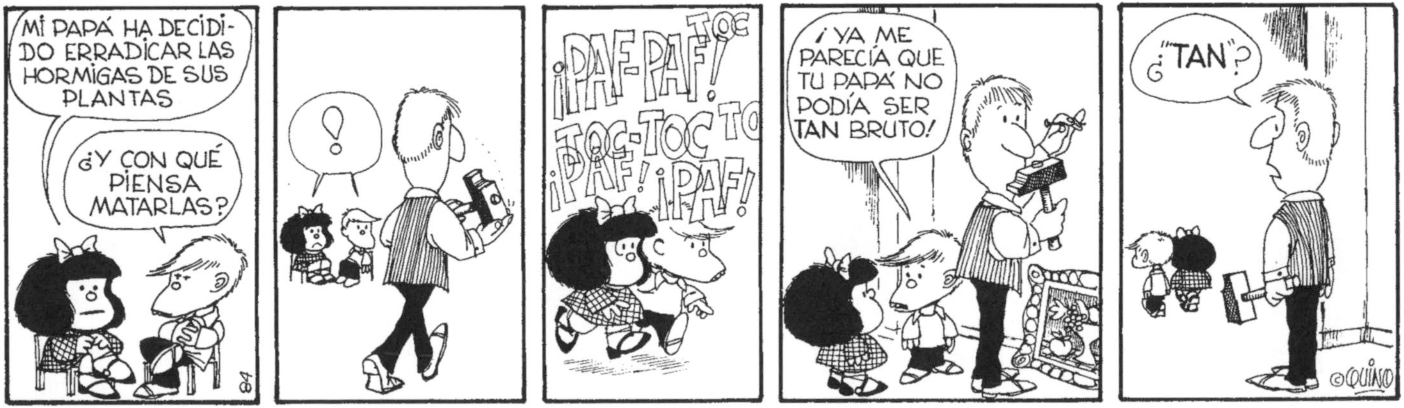
MI PAPÁ HA DECIDIDO ERRADICAR LAS HORMIGAS DE SUS PLANTAS
¿Y CON QUÉ PIENSA MATARLAS?
84
!
¡PAF-PAF! TOC
TOC-TOC TO
¡PAF! ¡PAF!
¡YA ME PARECÍA QUE TU PAPÁ NO PODÍA SER TAN BRUTO!
¿"TAN"?
©QUINO

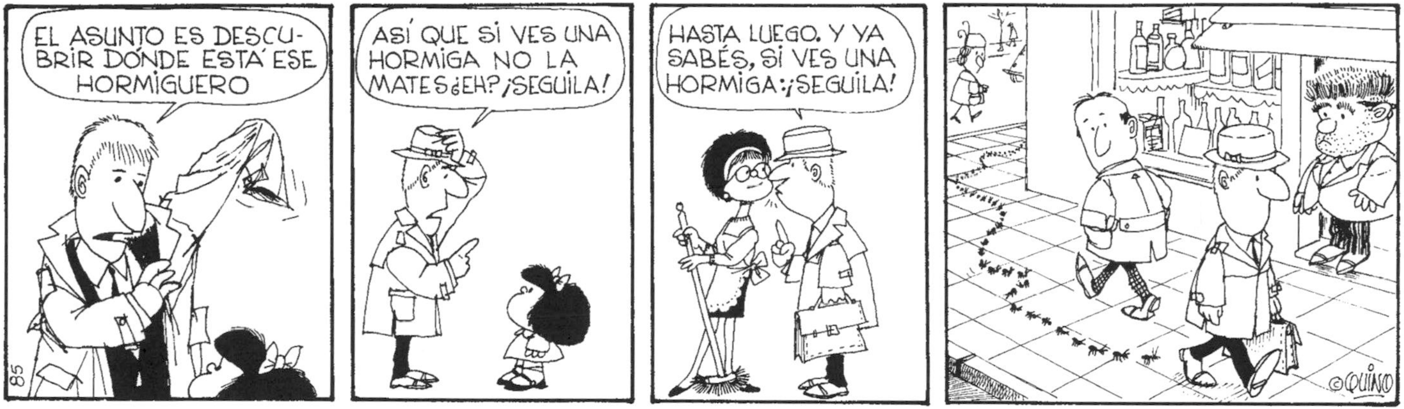
85
EL ASUNTO ES DESCU-BRIR DÓNDE ESTÁ ESE HORMIGUERO
ASÍ QUE SI VES UNA HORMIGA NO LA MATES ¿EH? ¡SEGUILA!
HASTA LUEGO. Y YA SABÉS, SI VES UNA HORMIGA: ¡SEGUILA!
©QUINO

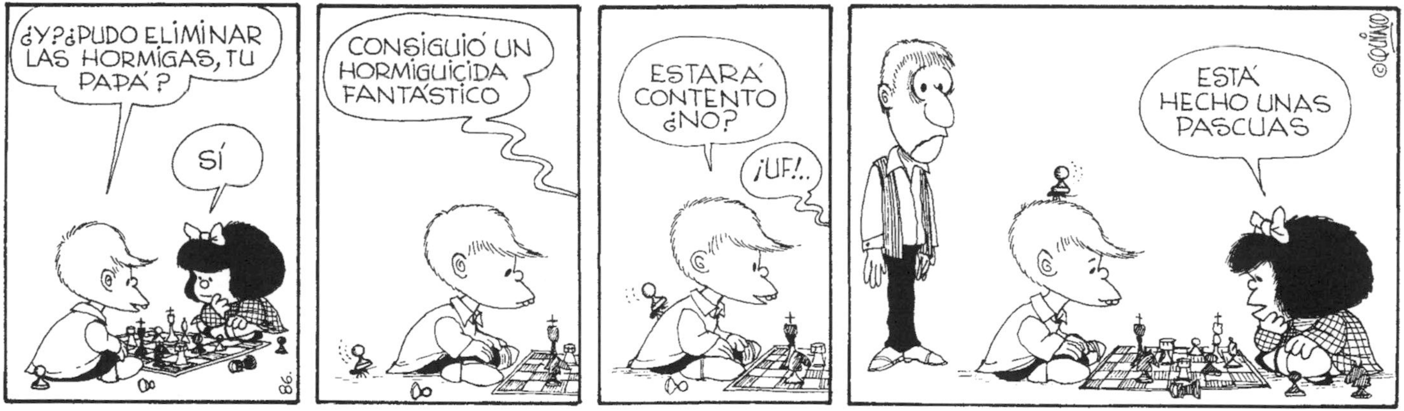
¿Y? ¿PUDO ELIMINAR LAS HORMIGAS, TU PAPÁ?
SÍ
86.
CONSIGUIÓ UN HORMIGUICIDA FANTÁSTICO
ESTARÁ CONTENTO ¿NO?
¡UF!..
ESTÁ HECHO UNAS PASCUAS
©QUINO

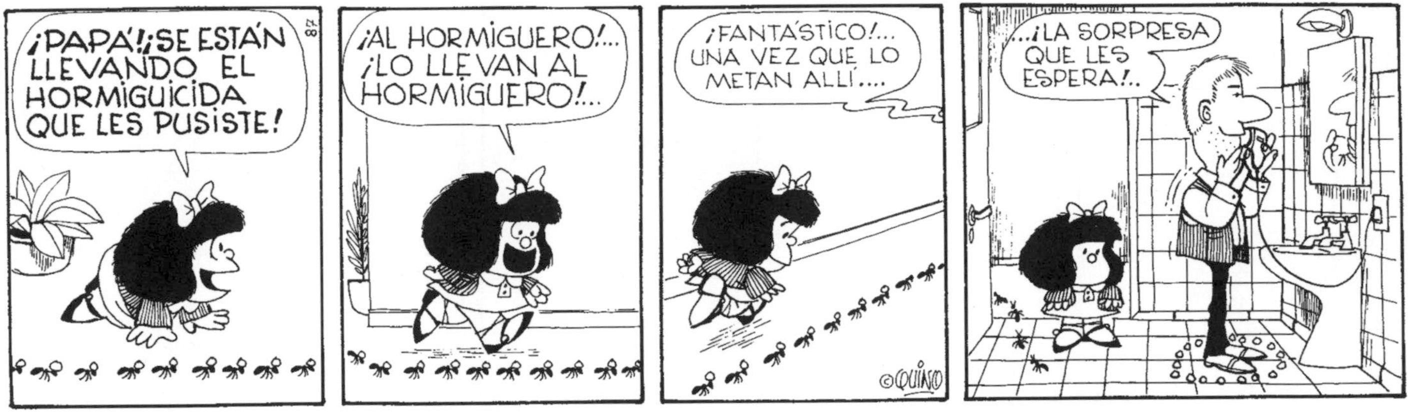
87
¡PAPÁ!¡¡SE ESTÁN LLEVANDO EL HORMIGUICIDA QUE LES PUSISTE!
¡AL HORMIGUERO!... ¡LO LLEVAN AL HORMIGUERO!...
¡FANTÁSTICO!... UNA VEZ QUE LO METAN ALLÍ....
...¡LA SORPRESA QUE LES ESPERA!..
©QUINO

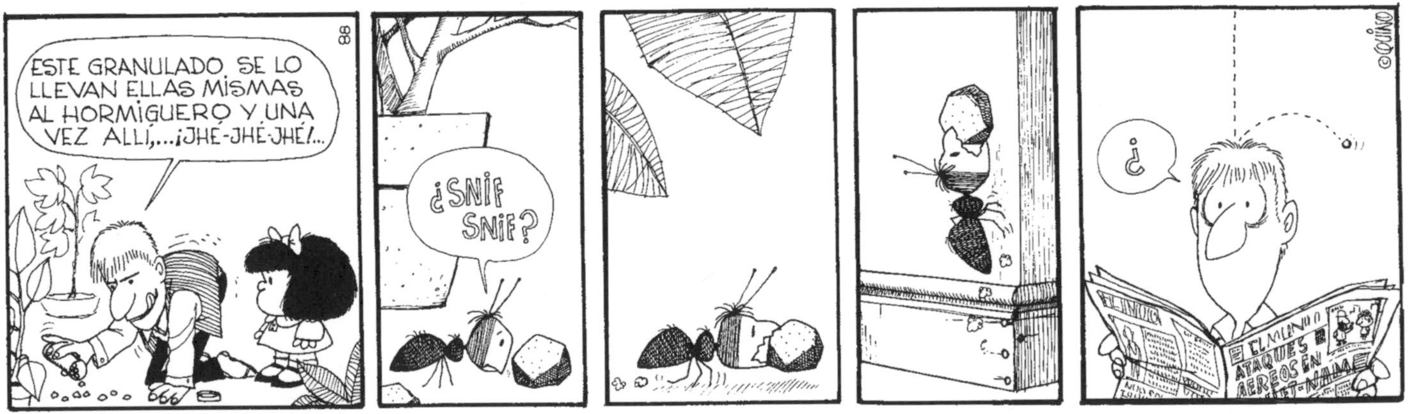
88
ESTE GRANULADO SE LO LLEVAN ELLAS MISMAS AL HORMIGUERO Y UNA VEZ ALLÍ,...¡JHÉ-JHÉ-JHÉ!...
¿SNIF SNIF?
¿
EL MUNDO
ATAQUES AEREOS EN
©QUINO

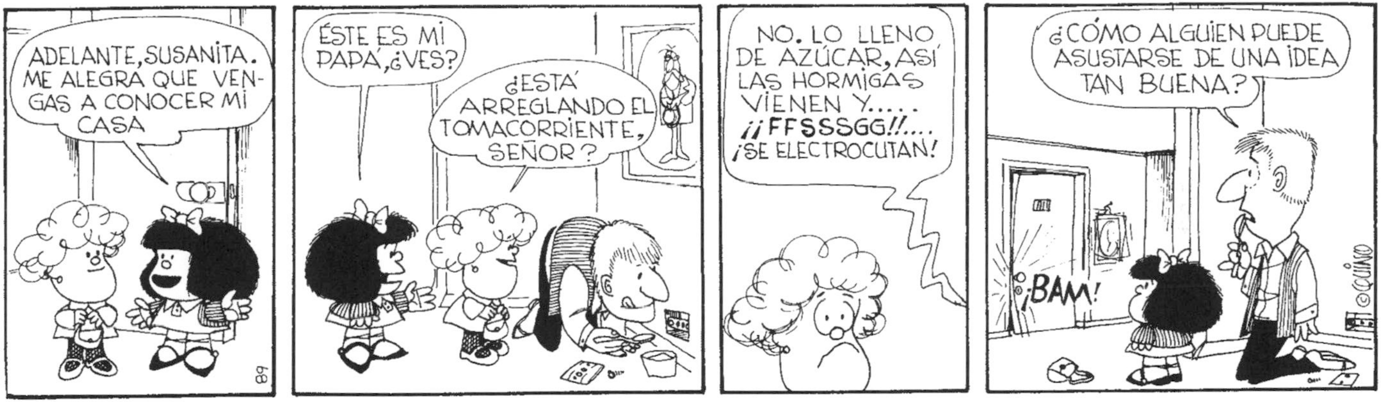
ADELANTE, SUSANITA. ME ALEGRA QUE VENGAS A CONOCER MI CASA
ÉSTE ES MI PAPÁ, ¿VES?
¿ESTÁ ARREGLANDO EL TOMACORRIENTE, SEÑOR?
NO. LO LLENO DE AZÚCAR, ASÍ LAS HORMIGAS VIENEN Y..... ¡¡FFSSSGG!!.... ¡SE ELECTROCUTAN!
¡BAM!
¿CÓMO ALGUIEN PUEDE ASUSTARSE DE UNA IDEA TAN BUENA?
© QUINO

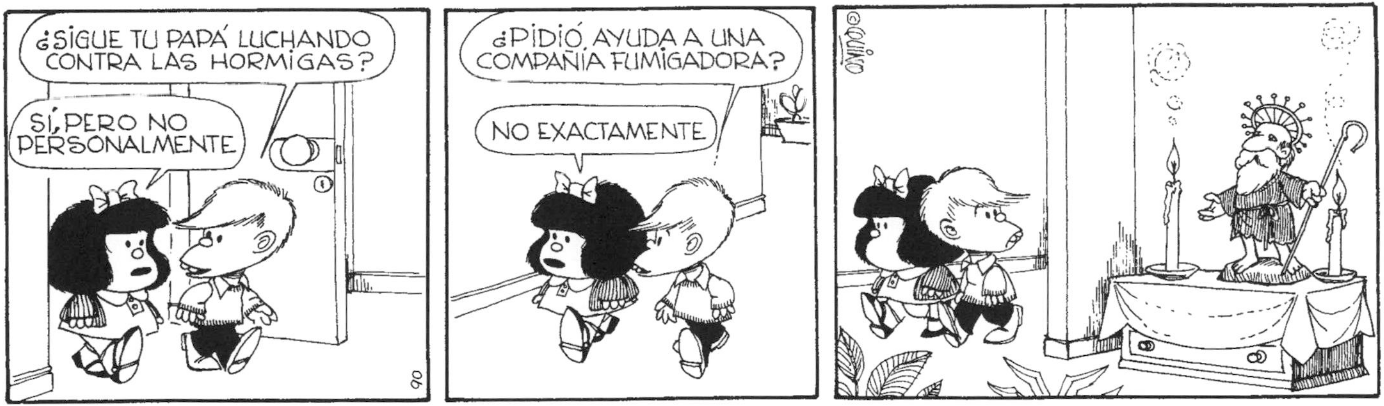
¿SIGUE TU PAPÁ LUCHANDO CONTRA LAS HORMIGAS?
SÍ, PERO NO PERSONALMENTE
¿PIDIÓ AYUDA A UNA COMPAÑÍA FUMIGADORA?
NO EXACTAMENTE
© QUINO

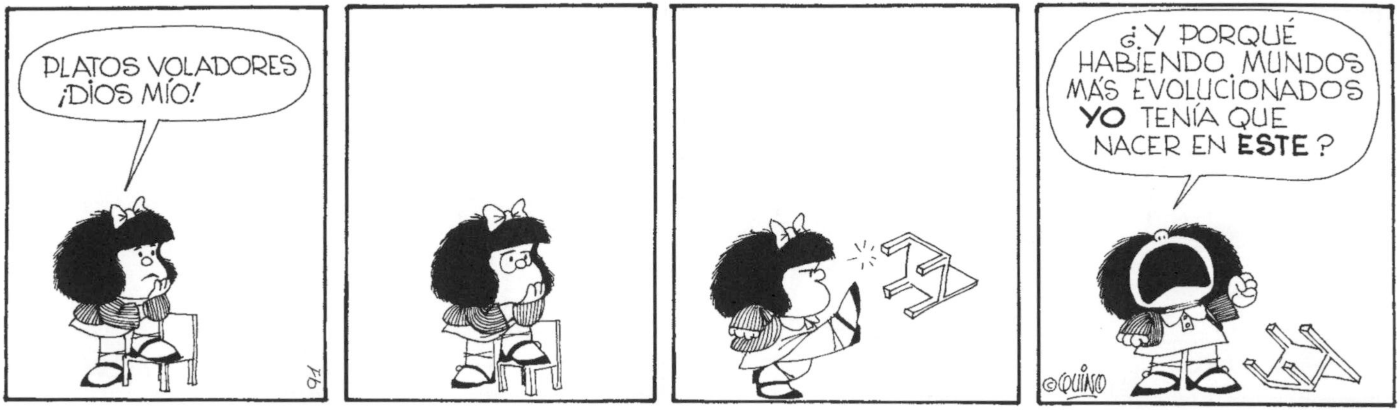
PLATOS VOLADORES ¡DIOS MÍO!
¿Y PORQUÉ HABIENDO MUNDOS MÁS EVOLUCIONADOS **YO** TENÍA QUE NACER EN **ESTE** ?
©QUINO
91

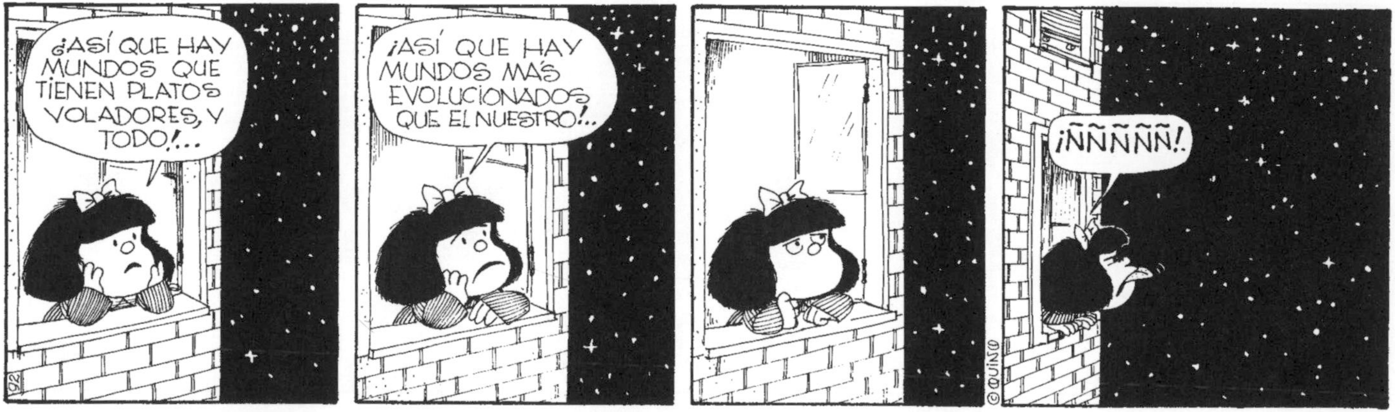
¿ASÍ QUE HAY MUNDOS QUE TIENEN PLATOS VOLADORES, Y TODO!...
¡ASÍ QUE HAY MUNDOS MÁS EVOLUCIONADOS QUE EL NUESTRO!...
¡ÑÑÑÑÑ!
©QUINO
92

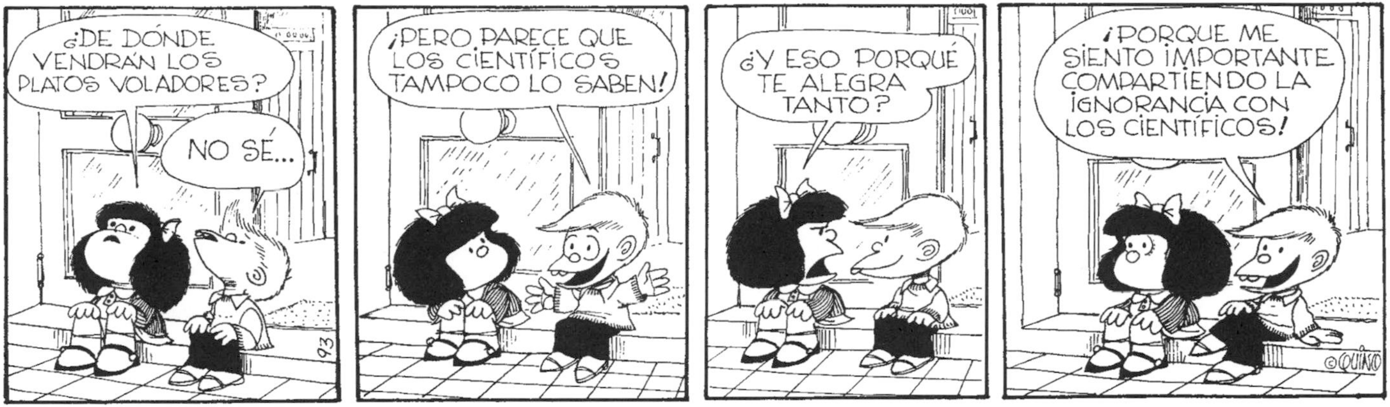
¿DE DÓNDE VENDRÁN LOS PLATOS VOLADORES?
NO SÉ...
¡PERO PARECE QUE LOS CIENTÍFICOS TAMPOCO LO SABEN!
¿Y ESO PORQUÉ TE ALEGRA TANTO?
¡PORQUE ME SIENTO IMPORTANTE COMPARTIENDO LA IGNORANCIA CON LOS CIENTÍFICOS!
93
©QUINO

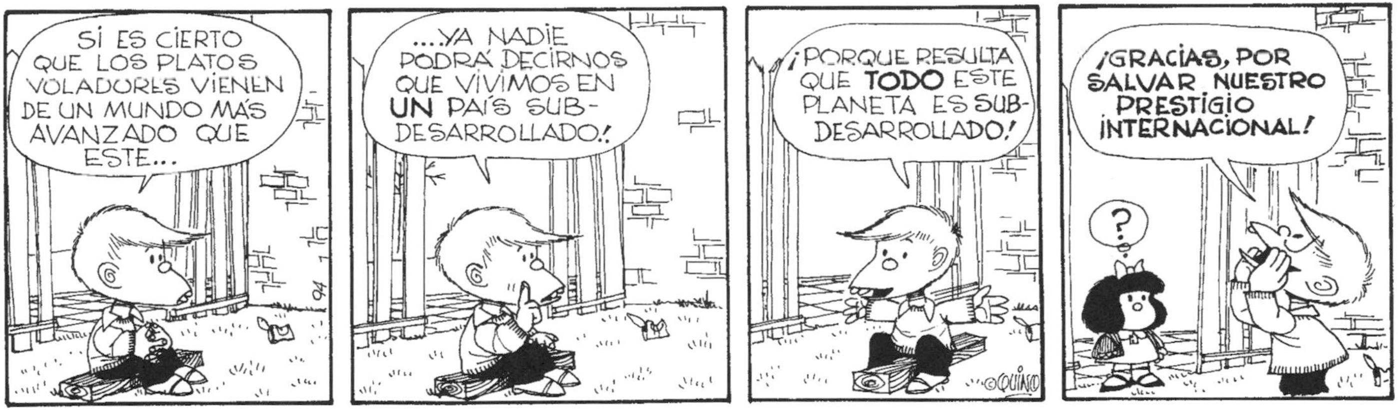
SI ES CIERTO QUE LOS PLATOS VOLADORES VIENEN DE UN MUNDO MÁS AVANZADO QUE ESTE...
....YA NADIE PODRÁ DECIRNOS QUE VIVIMOS EN UN PAÍS SUB-DESARROLLADO!
¡PORQUE RESULTA QUE TODO ESTE PLANETA ES SUB-DESARROLLADO!
¡GRACIAS, POR SALVAR NUESTRO PRESTIGIO INTERNACIONAL!
?
94
©QUINO

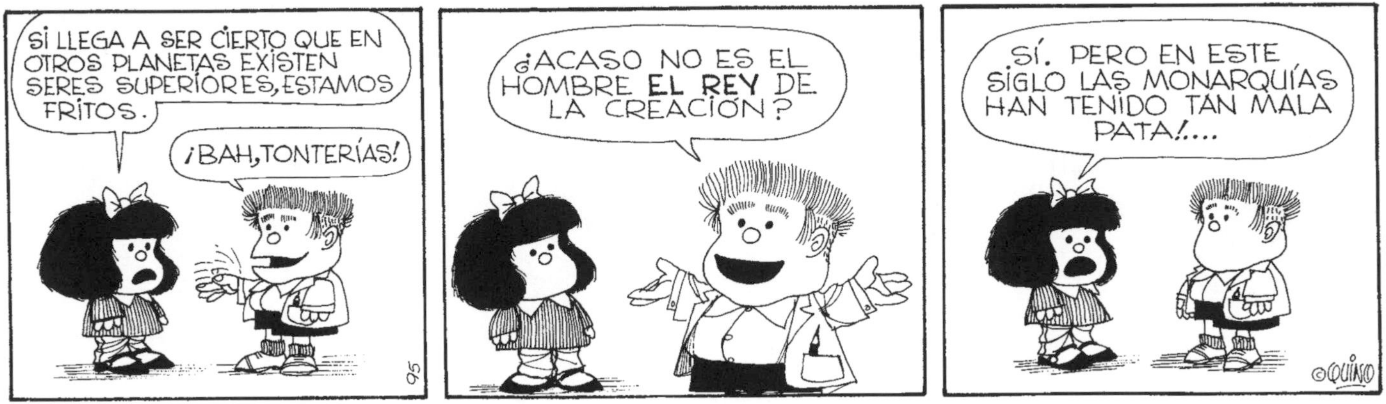
SI LLEGA A SER CIERTO QUE EN OTROS PLANETAS EXISTEN SERES SUPERIORES, ESTAMOS FRITOS.
¡BAH, TONTERÍAS!
¿ACASO NO ES EL HOMBRE **EL REY** DE LA CREACIÓN?
SÍ. PERO EN ESTE SIGLO LAS MONARQUÍAS HAN TENIDO TAN MALA PATA!...
95
©QUINO

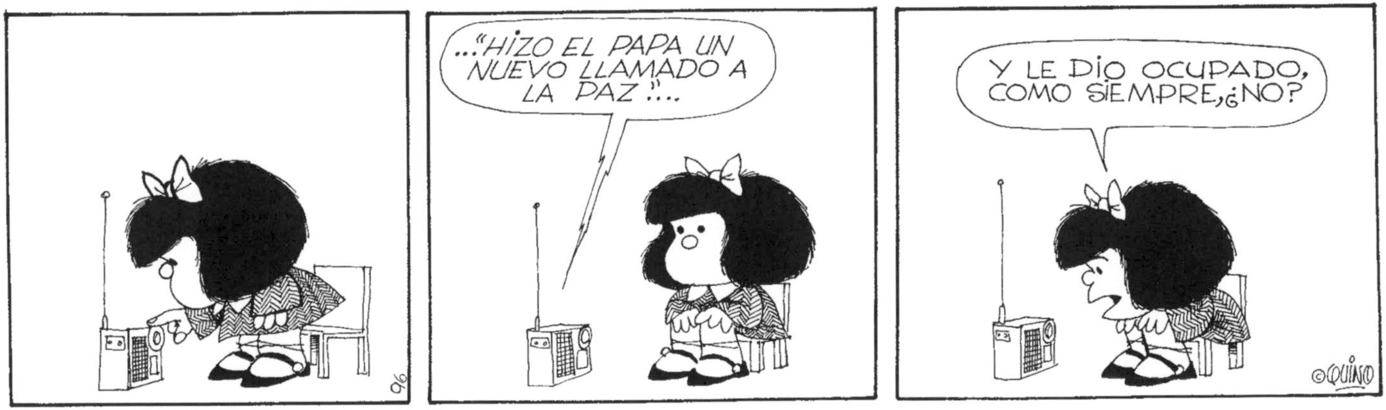
..."HIZO EL PAPA UN NUEVO LLAMADO A LA PAZ"...
Y LE DIO OCUPADO, COMO SIEMPRE, ¿NO?
96
©QUINO

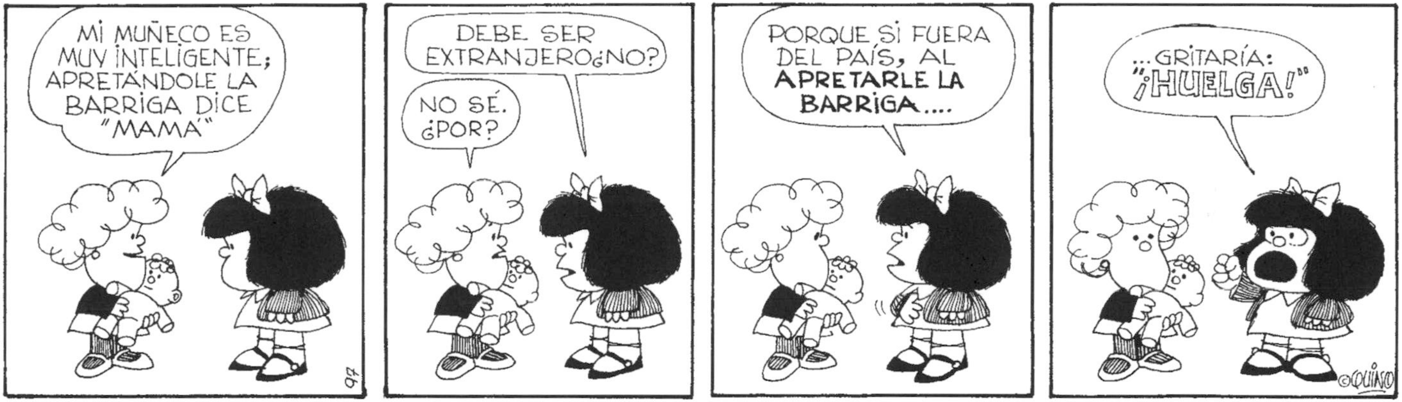
MI MUÑECO ES MUY INTELIGENTE; APRETÁNDOLE LA BARRIGA DICE "MAMÁ"
97
DEBE SER EXTRANJERO¿NO?
NO SÉ. ¿POR?
PORQUE SI FUERA DEL PAÍS, AL APRETARLE LA BARRIGA....
...GRITARÍA: "¡HUELGA!"
©QUINO

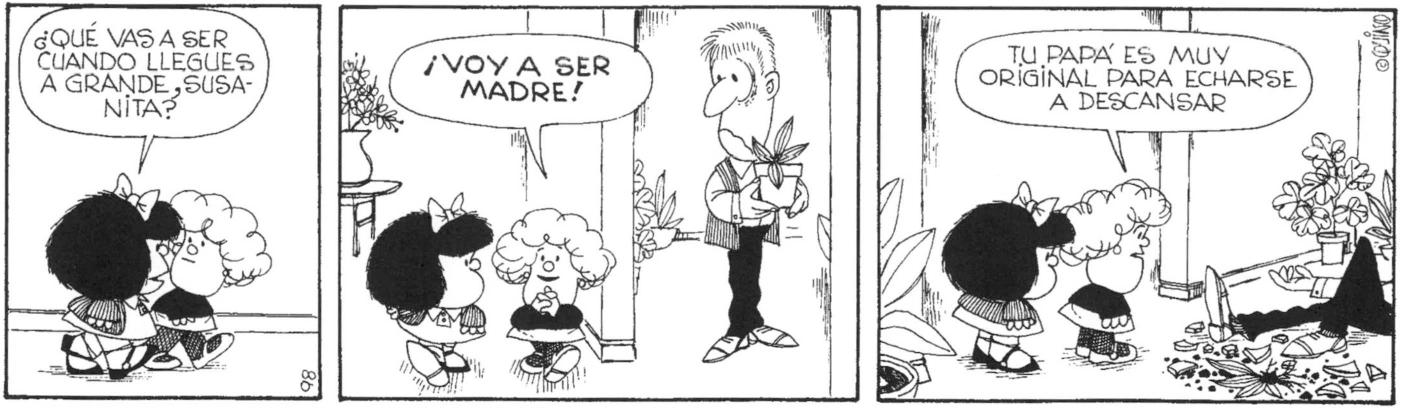
¿QUÉ VAS A SER CUANDO LLEGUES A GRANDE, SUSANITA?
98
¡VOY A SER MADRE!
TU PAPÁ ES MUY ORIGINAL PARA ECHARSE A DESCANSAR
©QUINO

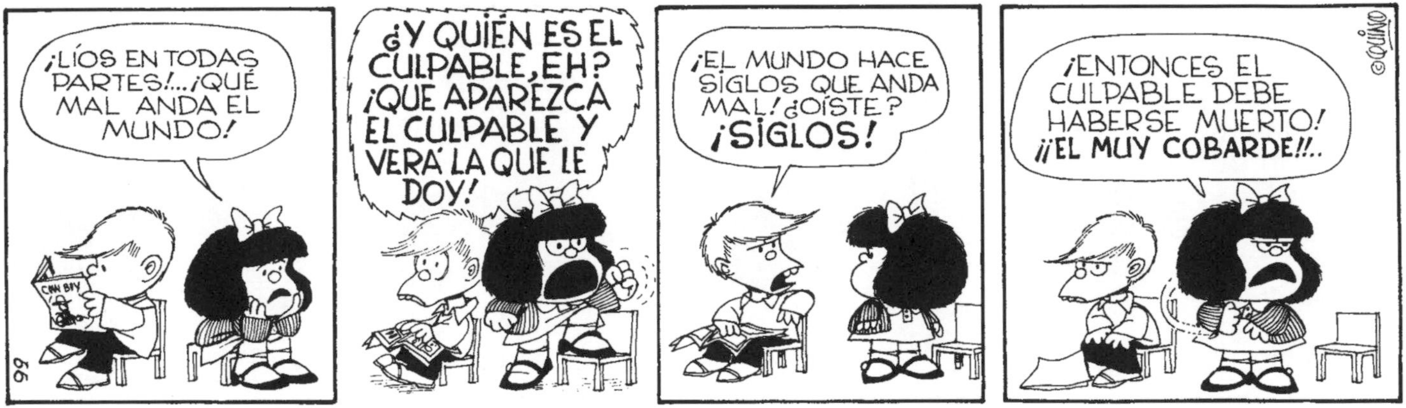
¡LÍOS EN TODAS PARTES!... ¡QUÉ MAL ANDA EL MUNDO!
99
¿Y QUIÉN ES EL CULPABLE, EH? ¡QUE APAREZCA EL CULPABLE Y VERÁ LA QUE LE DOY!
¡EL MUNDO HACE SIGLOS QUE ANDA MAL! ¿OÍSTE? ¡SIGLOS!
¡ENTONCES EL CULPABLE DEBE HABERSE MUERTO! ¡¡EL MUY COBARDE!!..
©QUINO

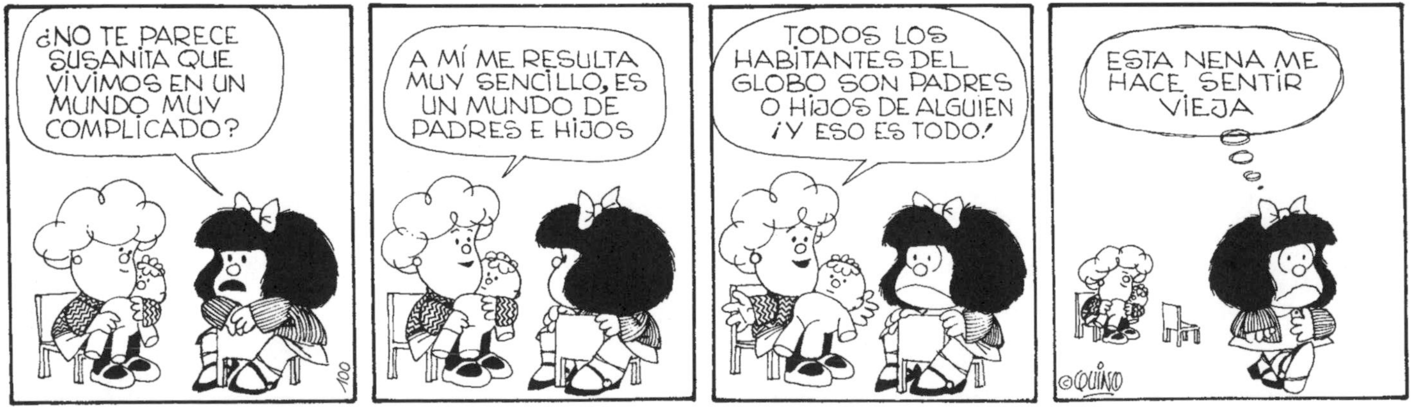
¿NO TE PARECE SUSANITA QUE VIVIMOS EN UN MUNDO MUY COMPLICADO?
100
A MÍ ME RESULTA MUY SENCILLO, ES UN MUNDO DE PADRES E HIJOS
TODOS LOS HABITANTES DEL GLOBO SON PADRES O HIJOS DE ALGUIEN ¡Y ESO ES TODO!
ESTA NENA ME HACE SENTIR VIEJA
©QUINO

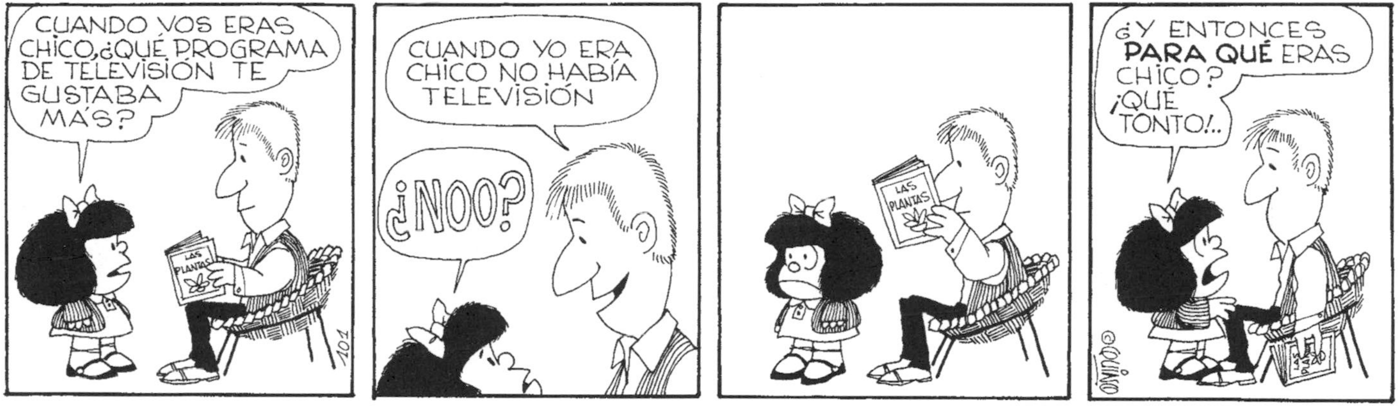
CUANDO VOS ERAS CHICO, ¿QUÉ PROGRAMA DE TELEVISIÓN TE GUSTABA MÁS?
LAS PLANTAS
101
CUANDO YO ERA CHICO NO HABÍA TELEVISIÓN
¿NOO?
LAS PLANTAS
¿Y ENTONCES **PARA QUÉ** ERAS CHICO? ¡QUÉ TONTO!..
©QUINO

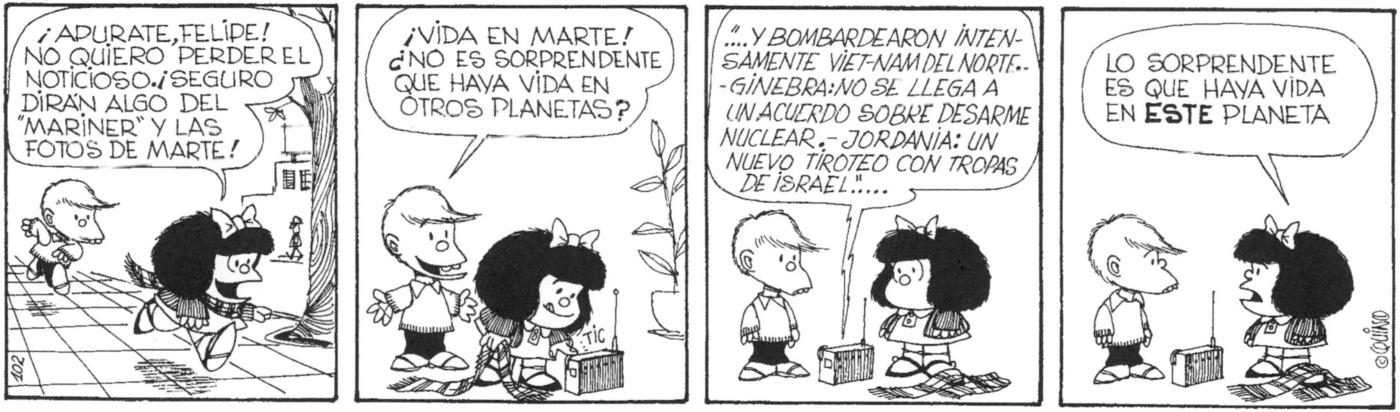
¡APURATE, FELIPE! NO QUIERO PERDER EL NOTICIOSO. ¡SEGURO DIRÁN ALGO DEL "MARINER" Y LAS FOTOS DE MARTE!
102
¡VIDA EN MARTE! ¿NO ES SORPRENDENTE QUE HAYA VIDA EN OTROS PLANETAS?
TIC
"...Y BOMBARDEARON INTENSAMENTE VIET-NAM DEL NORTE.. -GINEBRA: NO SE LLEGA A UN ACUERDO SOBRE DESARME NUCLEAR. -JORDANIA: UN NUEVO TIROTEO CON TROPAS DE ISRAEL"....
LO SORPRENDENTE ES QUE HAYA VIDA EN **ESTE** PLANETA
©QUINO

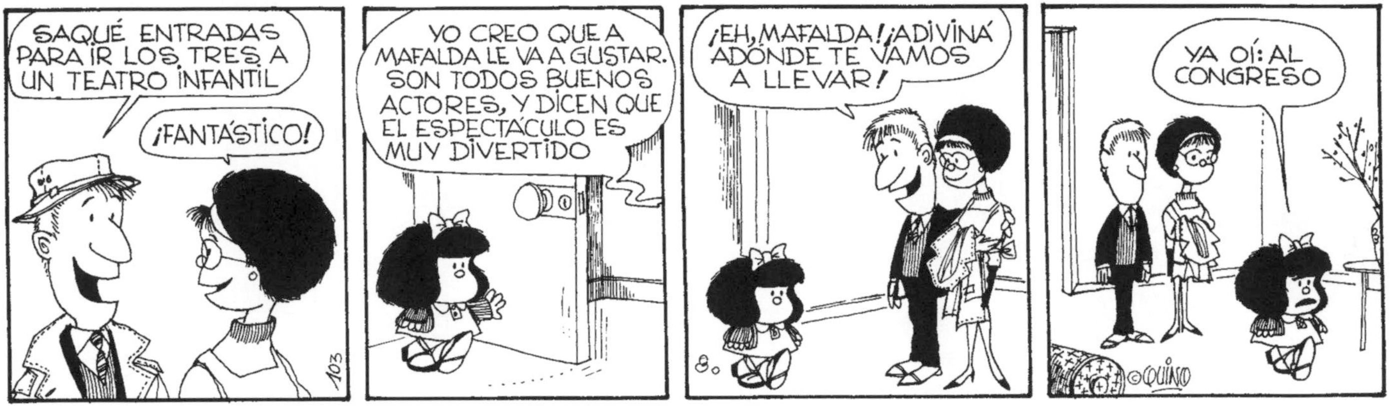
SAQUÉ ENTRADAS PARA IR LOS TRES A UN TEATRO INFANTIL
¡FANTÁSTICO!
103
YO CREO QUE A MAFALDA LE VA A GUSTAR. SON TODOS BUENOS ACTORES, Y DICEN QUE EL ESPECTÁCULO ES MUY DIVERTIDO
¡EH, MAFALDA! ¡ADIVINÁ ADÓNDE TE VAMOS A LLEVAR!
YA OÍ: AL CONGRESO
©QUINO

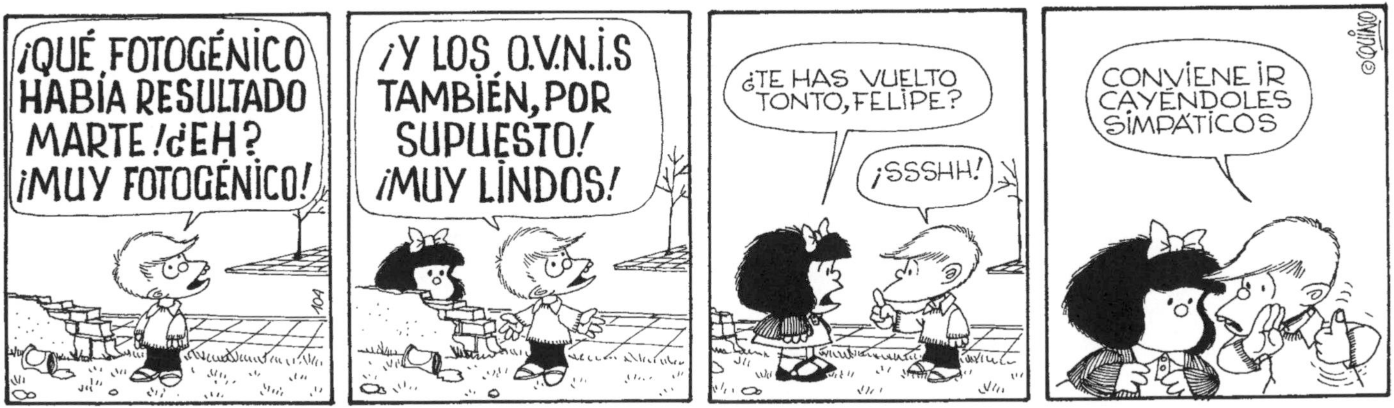
¡QUÉ FOTOGÉNICO HABÍA RESULTADO MARTE! ¿EH? ¡MUY FOTOGÉNICO!
104
¡Y LOS O.V.N.I.S TAMBIÉN, POR SUPUESTO! ¡MUY LINDOS!
¿TE HAS VUELTO TONTO, FELIPE?
¡SSSHH!
CONVIENE IR CAYÉNDOLES SIMPÁTICOS
©QUINO

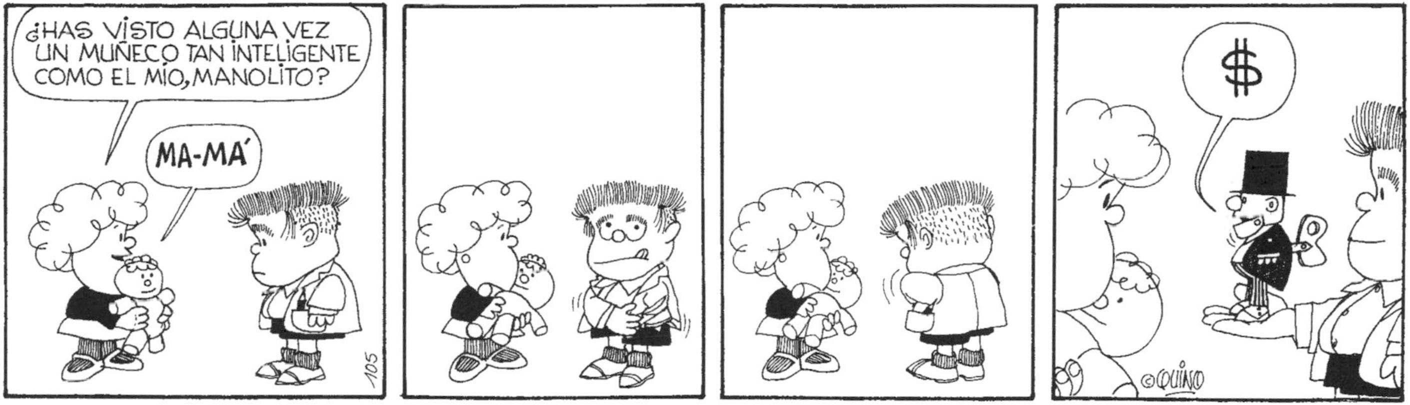
¿HAS VISTO ALGUNA VEZ UN MUÑECO TAN INTELIGENTE COMO EL MIO, MANOLITO?
MA-MÁ
$
105
©QUINO

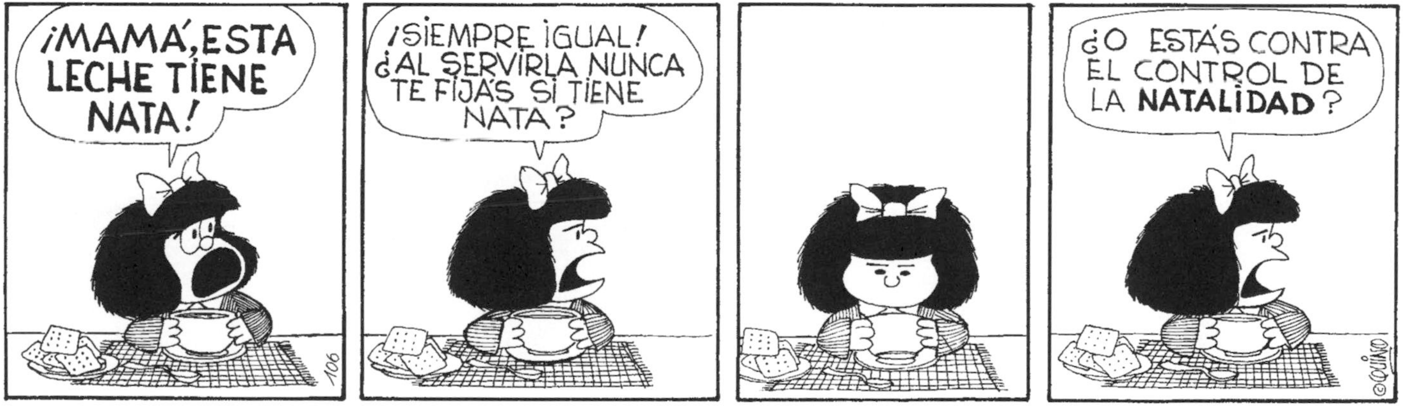
¡MAMÁ, ESTA LECHE TIENE NATA!
106
¡SIEMPRE IGUAL! ¿AL SERVIRLA NUNCA TE FIJÁS SI TIENE NATA?
¿O ESTÁS CONTRA EL CONTROL DE LA NATALIDAD?
©QUINO

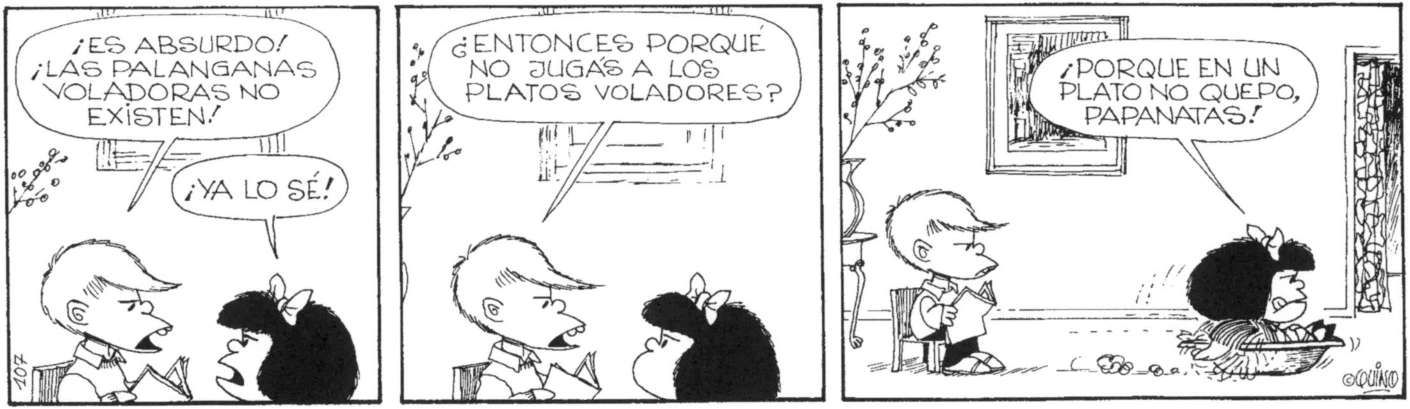
¡ES ABSURDO! ¡LAS PALANGANAS VOLADORAS NO EXISTEN!
¡YA LO SÉ!
¿ENTONCES PORQUÉ NO JUGÁS A LOS PLATOS VOLADORES?
¡PORQUE EN UN PLATO NO QUEPO, PAPANATAS!
107
©QUINO

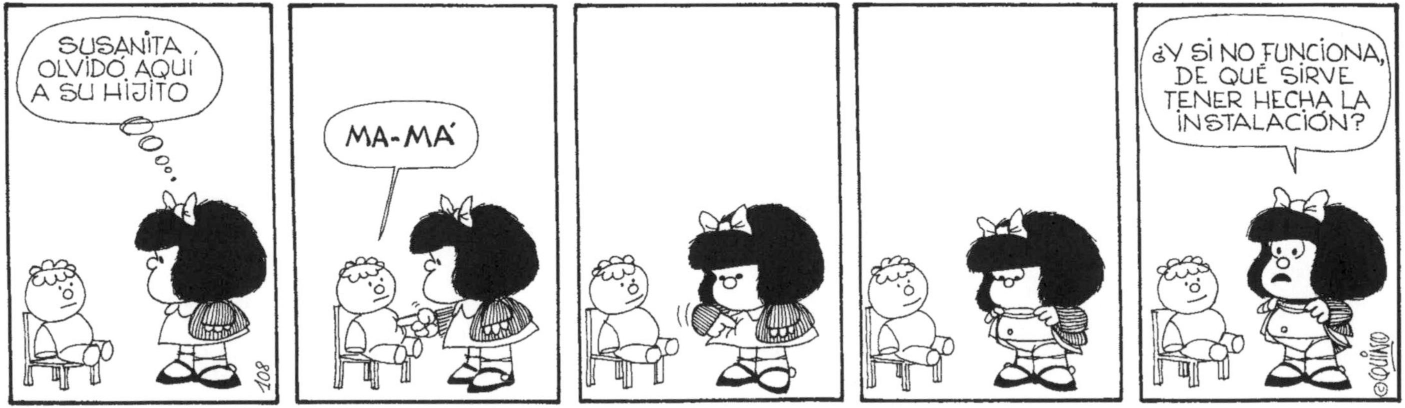
SUSANITA OLVIDÓ AQUÍ A SU HIJITO
MA-MÁ
¿Y SI NO FUNCIONA, DE QUÉ SIRVE TENER HECHA LA INSTALACIÓN?
108
©QUINO

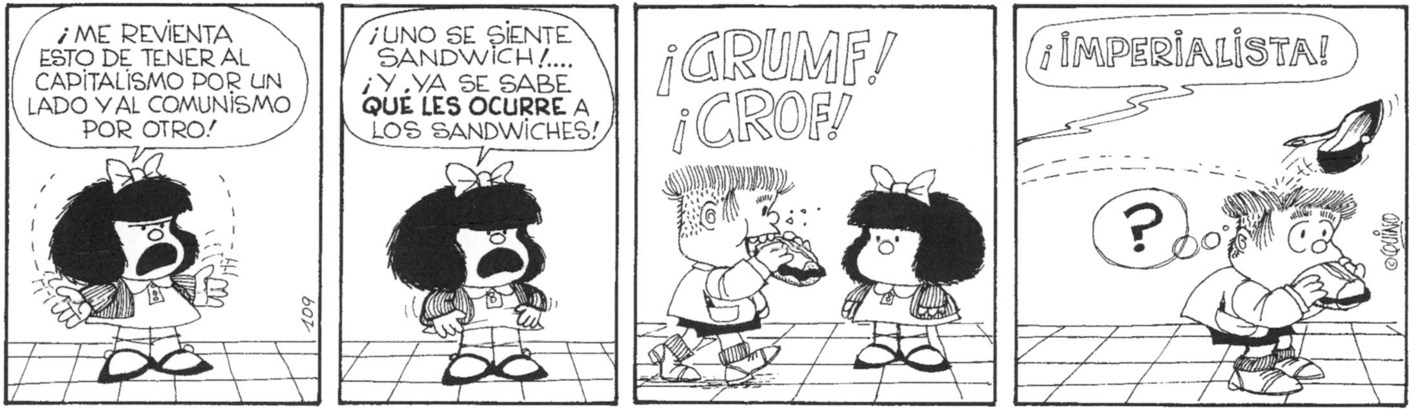
¡ME REVIENTA ESTO DE TENER AL CAPITALISMO POR UN LADO Y AL COMUNISMO POR OTRO!
109
¡UNO SE SIENTE SANDWICH!.... ¡Y, YA SE SABE **QUÉ LES OCURRE** A LOS SANDWICHES!
¡GRUMF! ¡CROF!
¡IMPERIALISTA!
?
©QUINO

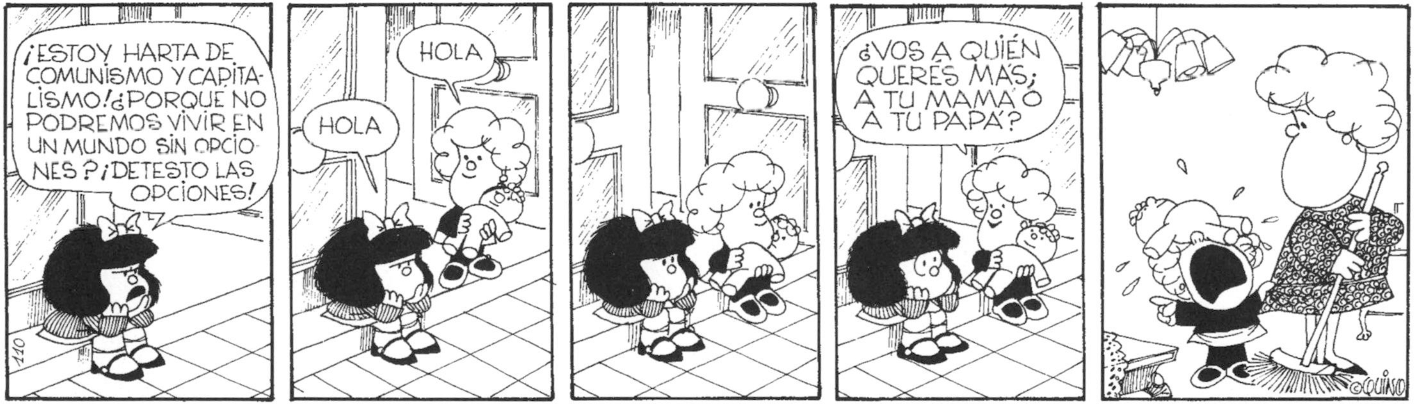
¡ESTOY HARTA DE COMUNISMO Y CAPITALISMO! ¿PORQUE NO PODREMOS VIVIR EN UN MUNDO SIN OPCIONES? ¡DETESTO LAS OPCIONES!
110
HOLA
HOLA
¿VOS A QUIÉN QUERÉS MÁS; A TU MAMÁ O A TU PAPÁ?
©QUINO

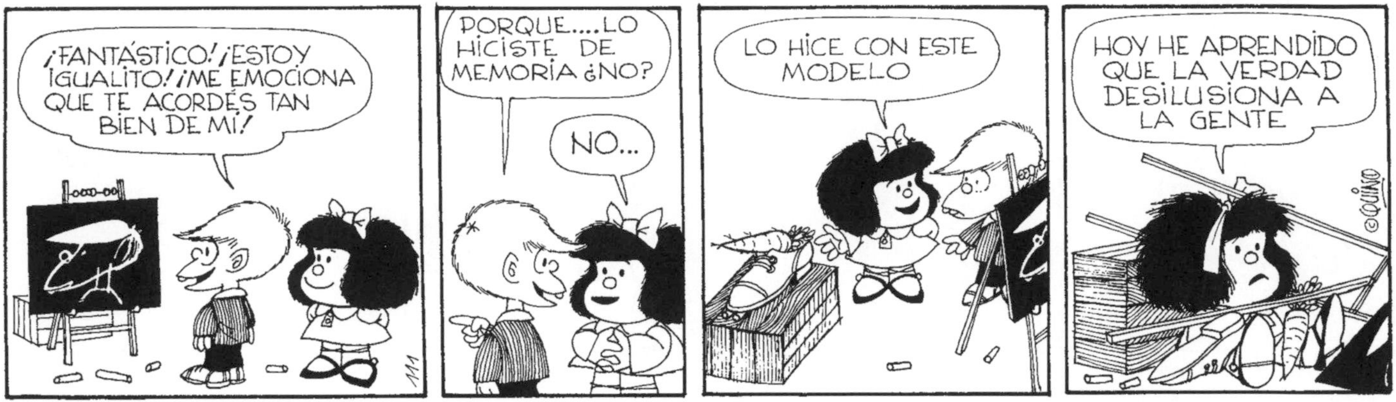
¡FANTÁSTICO! ¡ESTOY IGUALITO! ¡ME EMOCIONA QUE TE ACORDÉS TAN BIEN DE MÍ!
PORQUE.... LO HICISTE DE MEMORIA ¿NO?
NO...
LO HICE CON ESTE MODELO
HOY HE APRENDIDO QUE LA VERDAD DESILUSIONA A LA GENTE

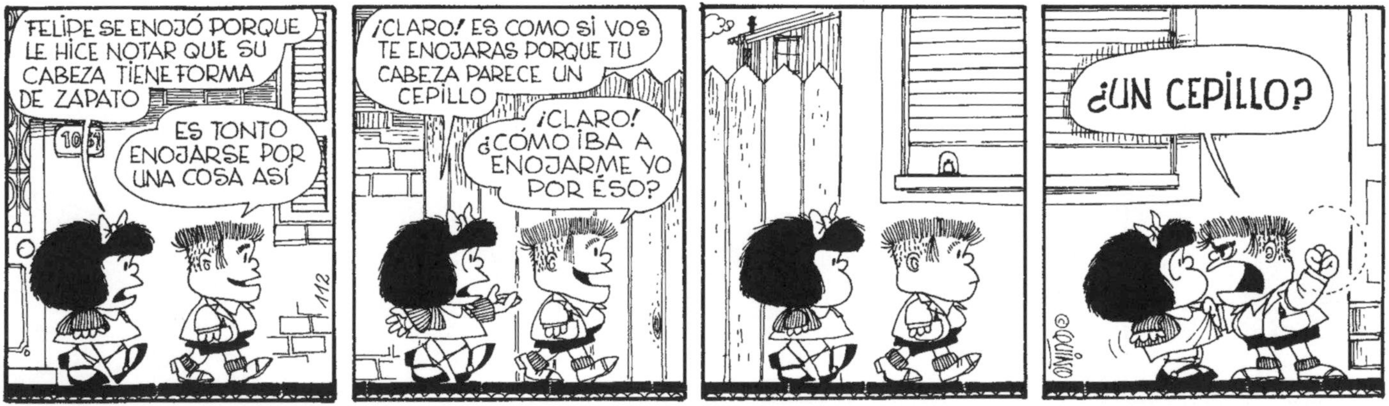
FELIPE SE ENOJÓ PORQUE LE HICE NOTAR QUE SU CABEZA TIENE FORMA DE ZAPATO
ES TONTO ENOJARSE POR UNA COSA ASÍ
¡CLARO! ES COMO SI VOS TE ENOJARAS PORQUE TU CABEZA PARECE UN CEPILLO
¡CLARO! ¿CÓMO IBA A ENOJARME YO POR ÉSO?
¿UN CEPILLO?

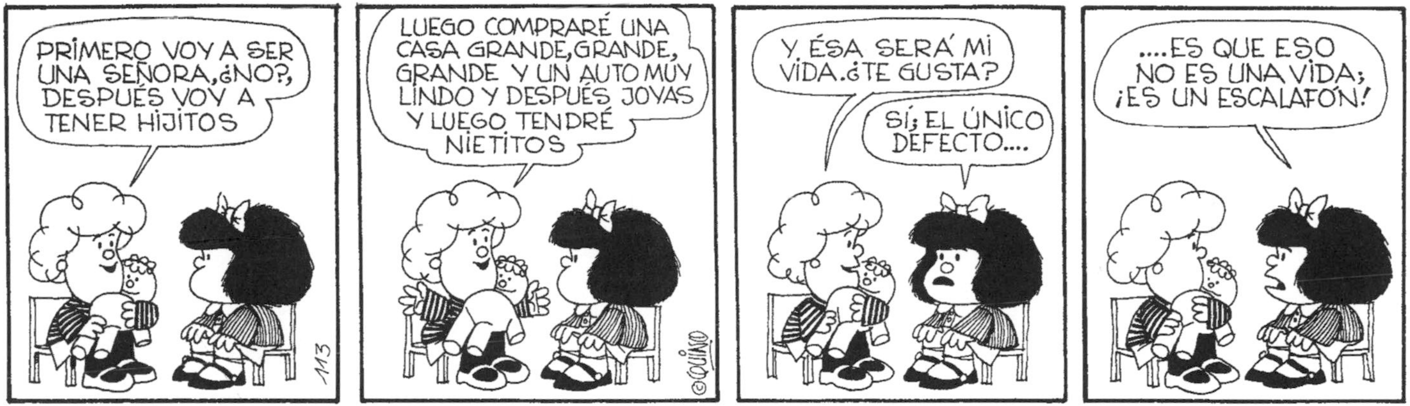
PRIMERO VOY A SER UNA SEÑORA, ¿NO?, DESPUÉS VOY A TENER HIJITOS
113
LUEGO COMPRARÉ UNA CASA GRANDE, GRANDE, GRANDE Y UN AUTO MUY LINDO Y DESPUÉS JOYAS Y LUEGO TENDRÉ NIETITOS
©QUINO
Y ÉSA SERÁ MI VIDA. ¿TE GUSTA?
SÍ; EL ÚNICO DEFECTO....
....ES QUE ESO NO ES UNA VIDA; ¡ES UN ESCALAFÓN!

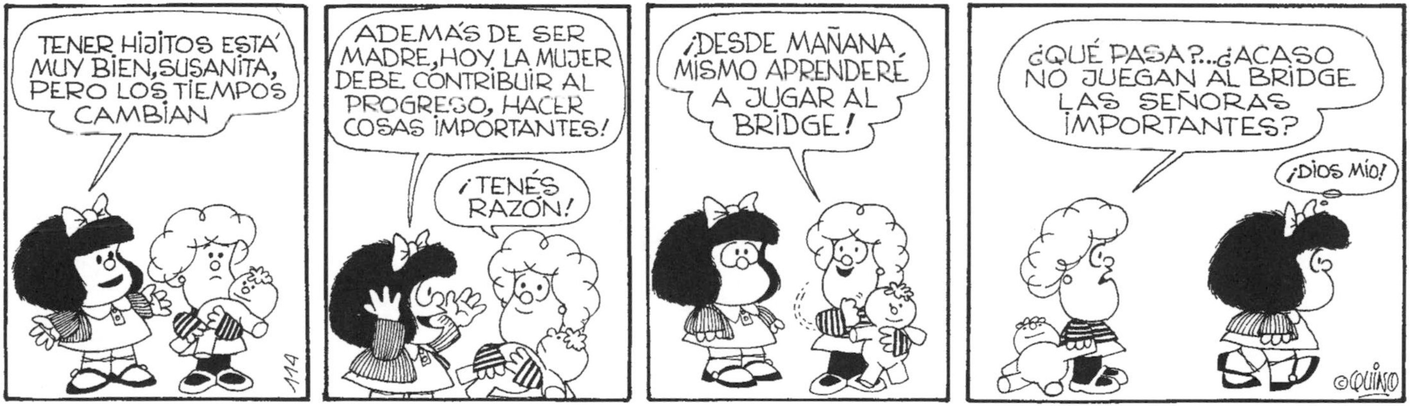
TENER HIJITOS ESTÁ MUY BIEN, SUSANITA, PERO LOS TIEMPOS CAMBIAN
114
ADEMÁS DE SER MADRE, HOY LA MUJER DEBE CONTRIBUIR AL PROGRESO, HACER COSAS IMPORTANTES!
¡TENÉS RAZÓN!
¡DESDE MAÑANA MISMO APRENDERÉ A JUGAR AL BRIDGE!
¿QUÉ PASA?...¿ACASO NO JUEGAN AL BRIDGE LAS SEÑORAS IMPORTANTES?
¡DIOS MÍO!
©QUINO

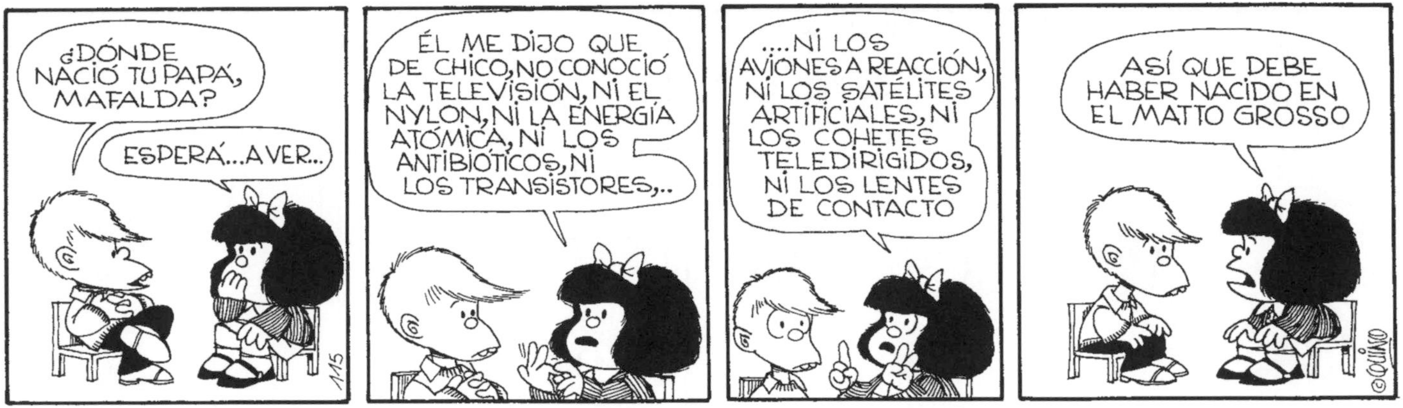
¿DÓNDE NACIÓ TU PAPÁ, MAFALDA?
ESPERÁ...A VER...
115
ÉL ME DIJO QUE DE CHICO, NO CONOCIÓ LA TELEVISIÓN, NI EL NYLON, NI LA ENERGÍA ATÓMICA, NI LOS ANTIBIÓTICOS, NI LOS TRANSISTORES,..
....NI LOS AVIONES A REACCIÓN, NI LOS SATÉLITES ARTIFICIALES, NI LOS COHETES TELEDIRIGIDOS, NI LOS LENTES DE CONTACTO
ASÍ QUE DEBE HABER NACIDO EN EL MATTO GROSSO
© QUINO

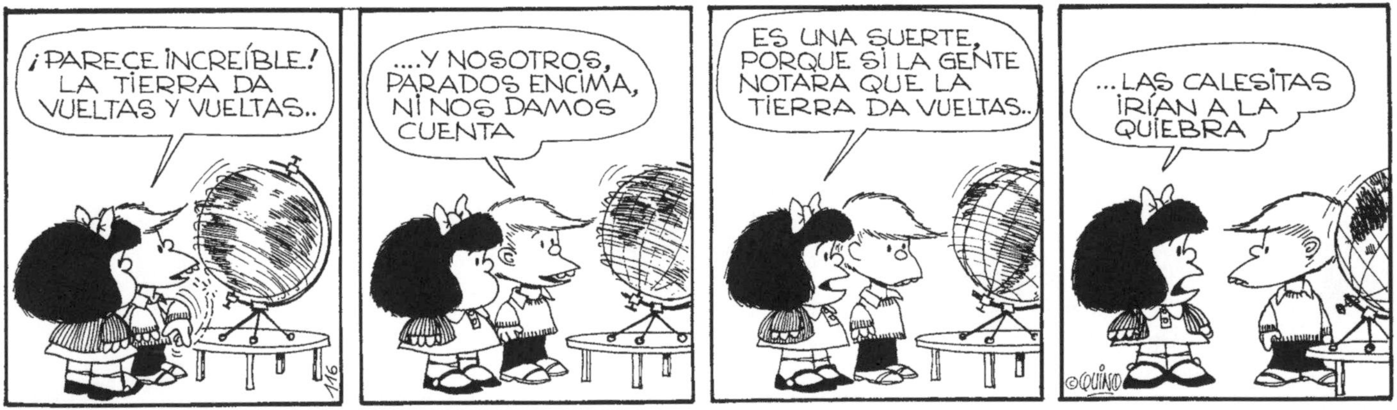
¡PARECE INCREÍBLE! LA TIERRA DA VUELTAS Y VUELTAS..
116
....Y NOSOTROS, PARADOS ENCIMA, NI NOS DAMOS CUENTA
ES UNA SUERTE, PORQUE SI LA GENTE NOTARA QUE LA TIERRA DA VUELTAS..
...LAS CALESITAS IRÍAN A LA QUIEBRA
© QUINO

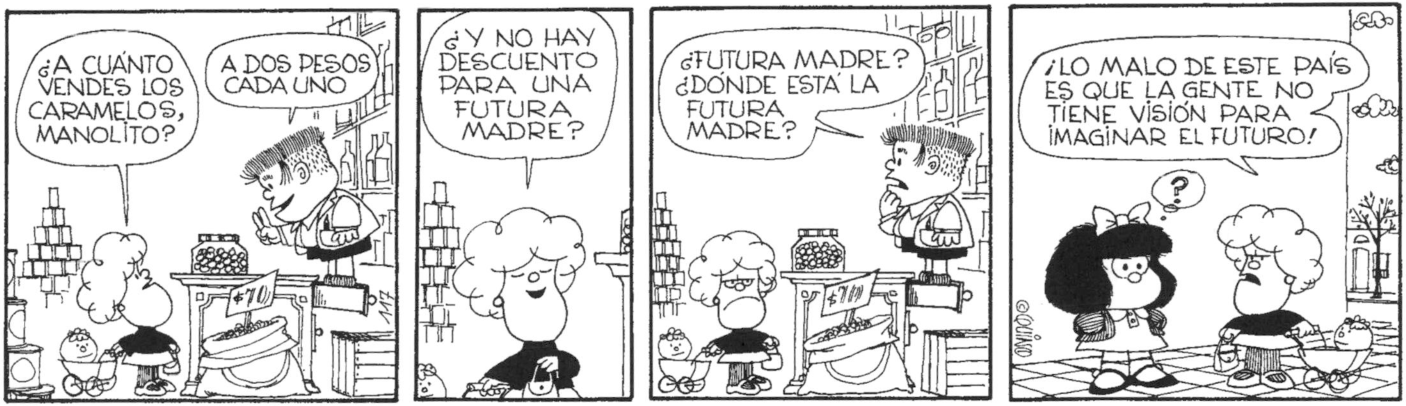
¿A CUÁNTO VENDES LOS CARAMELOS, MANOLITO?
A DOS PESOS CADA UNO
117
¿Y NO HAY DESCUENTO PARA UNA FUTURA MADRE?
¿FUTURA MADRE? ¿DÓNDE ESTÁ LA FUTURA MADRE?
¡LO MALO DE ESTE PAÍS ES QUE LA GENTE NO TIENE VISIÓN PARA IMAGINAR EL FUTURO!
?
©QUINO

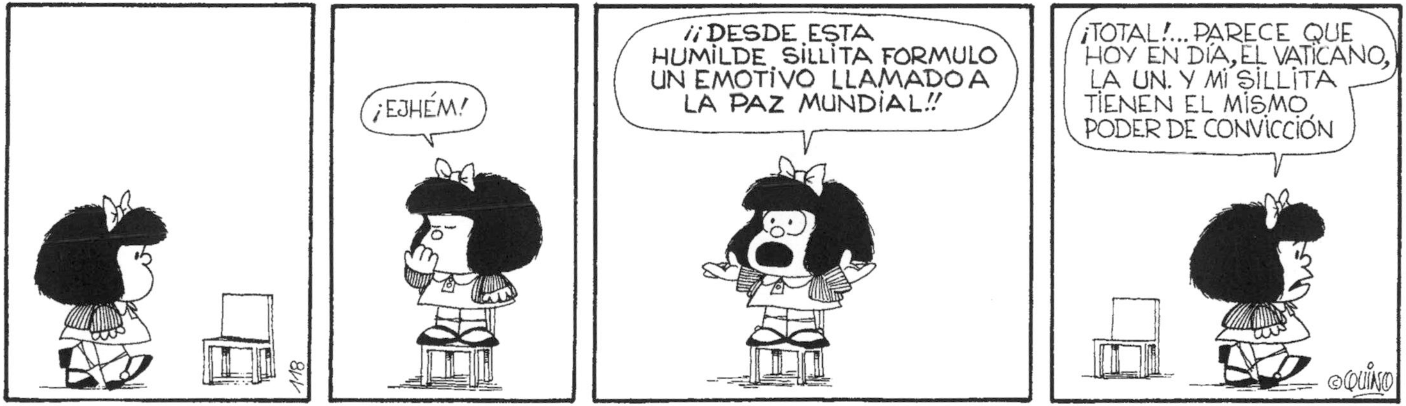
118
¡EJHÉM!
¡¡DESDE ESTA HUMILDE SILLITA FORMULO UN EMOTIVO LLAMADO A LA PAZ MUNDIAL!!
¡TOTAL!... PARECE QUE HOY EN DÍA, EL VATICANO, LA UN. Y MI SILLITA TIENEN EL MISMO PODER DE CONVICCIÓN
©QUINO

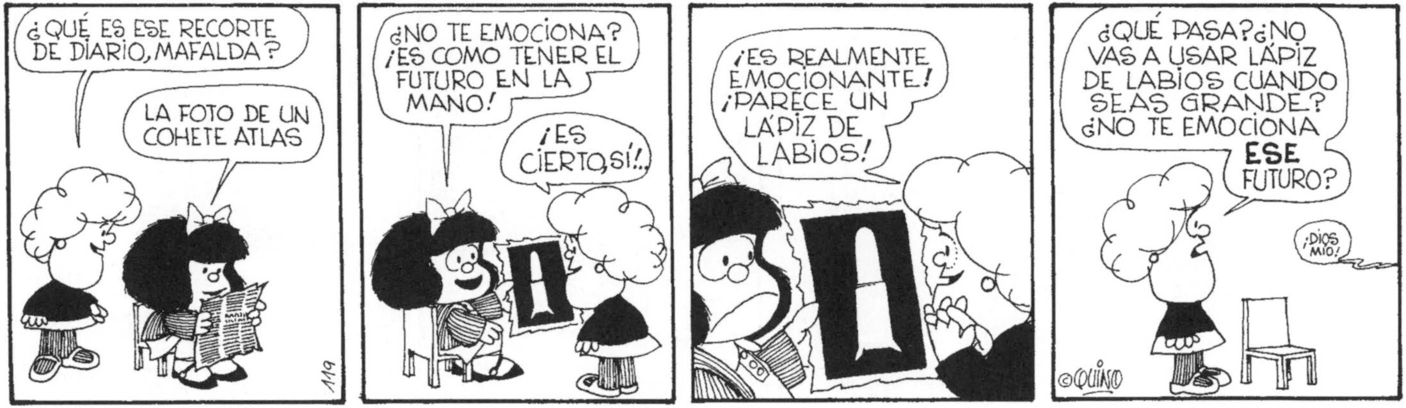
¿QUÉ ES ESE RECORTE DE DIARIO, MAFALDA?
LA FOTO DE UN COHETE ATLAS
119
¿NO TE EMOCIONA? ¡ES COMO TENER EL FUTURO EN LA MANO!
¡ES CIERTO, SÍ!..
¡ES REALMENTE EMOCIONANTE! ¡PARECE UN LÁPIZ DE LABIOS!
¿QUÉ PASA? ¿NO VAS A USAR LÁPIZ DE LABIOS CUANDO SEAS GRANDE? ¿NO TE EMOCIONA ESE FUTURO?
¡DIOS MIO!
©QUINO

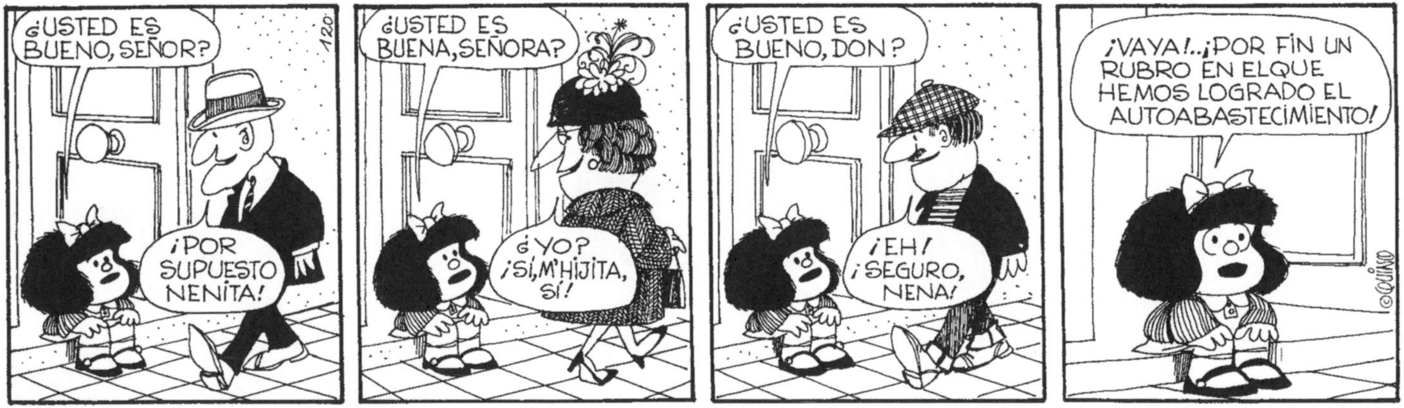
¿USTED ES BUENO, SEÑOR?
120
¡POR SUPUESTO NENITA!
¿USTED ES BUENA, SEÑORA?
¿YO? ¡SÍ, M'HIJITA, SÍ!
¿USTED ES BUENO, DON?
¡EH! ¡SEGURO, NENA!
¡VAYA!..¡POR FIN UN RUBRO EN ELQUE HEMOS LOGRADO EL AUTOABASTECIMIENTO!
©QUINO

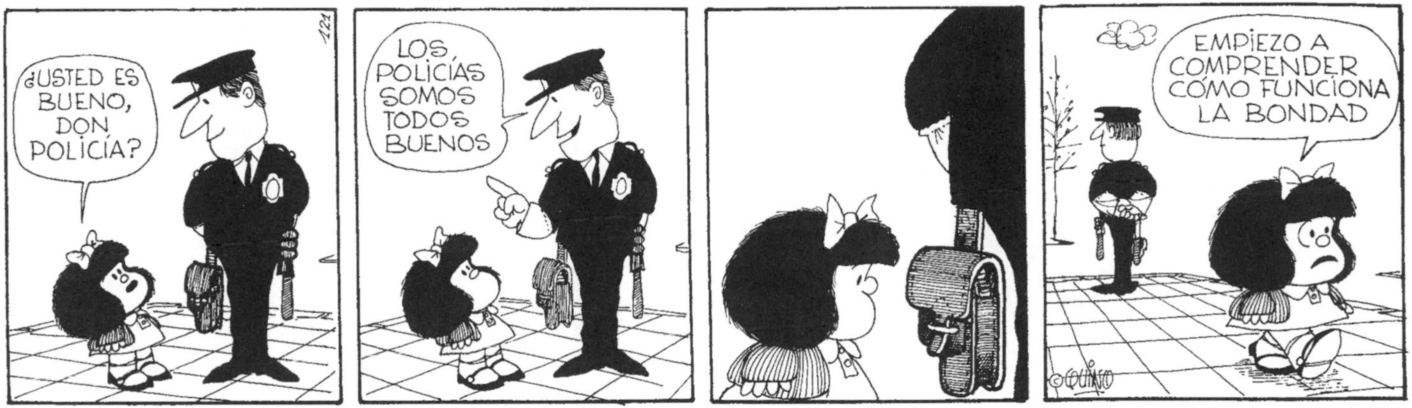
121
¿USTED ES BUENO, DON POLICÍA?
LOS POLICÍAS SOMOS TODOS BUENOS
EMPIEZO A COMPRENDER CÓMO FUNCIONA LA BONDAD
© QUINO

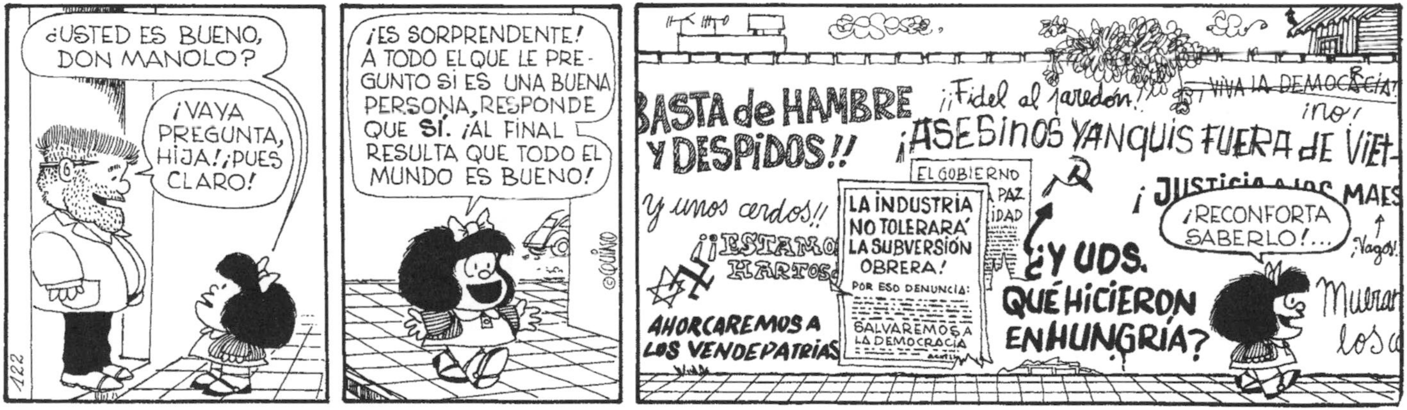
122
¿USTED ES BUENO, DON MANOLO?
¡VAYA PREGUNTA, HIJA! ¡PUES CLARO!
¡ES SORPRENDENTE! A TODO EL QUE LE PREGUNTO SI ES UNA BUENA PERSONA, RESPONDE QUE SÍ. ¡AL FINAL RESULTA QUE TODO EL MUNDO ES BUENO!
© QUINO
BASTA de HAMBRE Y DESPIDOS!!
¡¡Fidel al paredón!!
¡VIVA LA DEMOCRACIA!
¡no!
¡ASESINOS YANQUIS FUERA DE VIET-
EL GOBIERNO
PAZ
IDAD
y unos cerdos!!
¡¡ESTAMO HARTOS
LA INDUSTRIA NO TOLERARÁ LA SUBVERSIÓN OBRERA!
POR ESO DENUNCIA:
SALVAREMOS A LA DEMOCRACIA
¿Y UDS. QUÉ HICIERON EN HUNGRÍA?
¡ JUSTICIA A LOS MAES
¡RECONFORTA SABERLO!...
¡Vagos!
AHORCAREMOS A LOS VENDEPATRIAS
Muerar los c

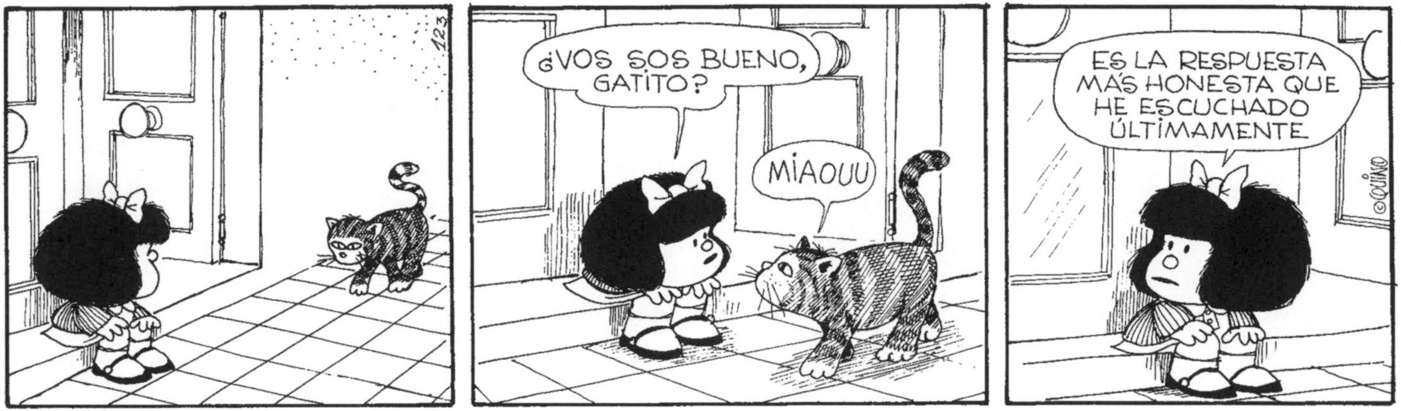
123
¿VOS SOS BUENO, GATITO?
MIAOUU
ES LA RESPUESTA MÁS HONESTA QUE HE ESCUCHADO ÚLTIMAMENTE
©QUINO

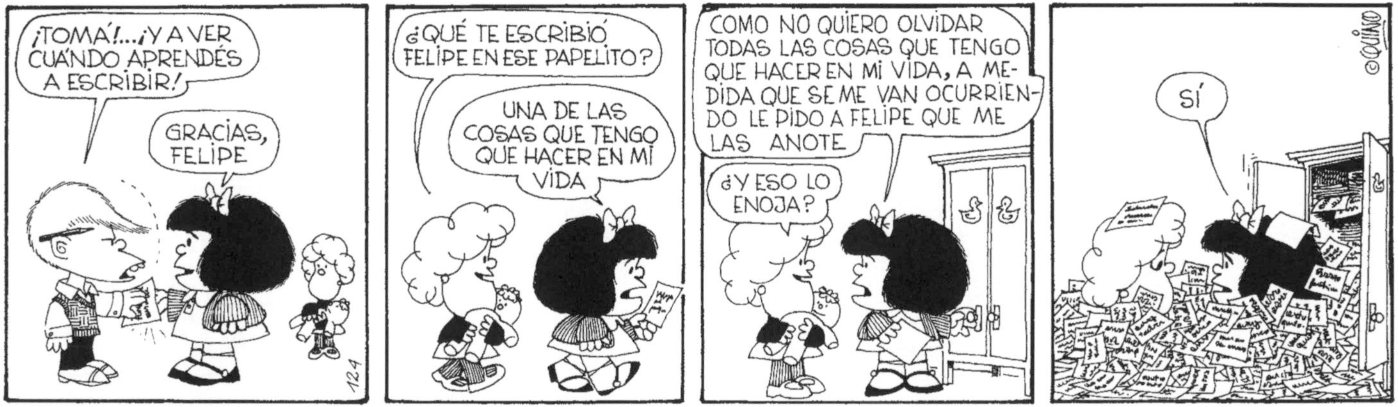
¡TOMÁ!...¡Y A VER CUÁNDO APRENDÉS A ESCRIBIR!
GRACIAS, FELIPE
124
¿QUÉ TE ESCRIBIÓ FELIPE EN ESE PAPELITO?
UNA DE LAS COSAS QUE TENGO QUE HACER EN MI VIDA
COMO NO QUIERO OLVIDAR TODAS LAS COSAS QUE TENGO QUE HACER EN MI VIDA, A MEDIDA QUE SE ME VAN OCURRIENDO LE PIDO A FELIPE QUE ME LAS ANOTE
¿Y ESO LO ENOJA?
SÍ
©QUINO

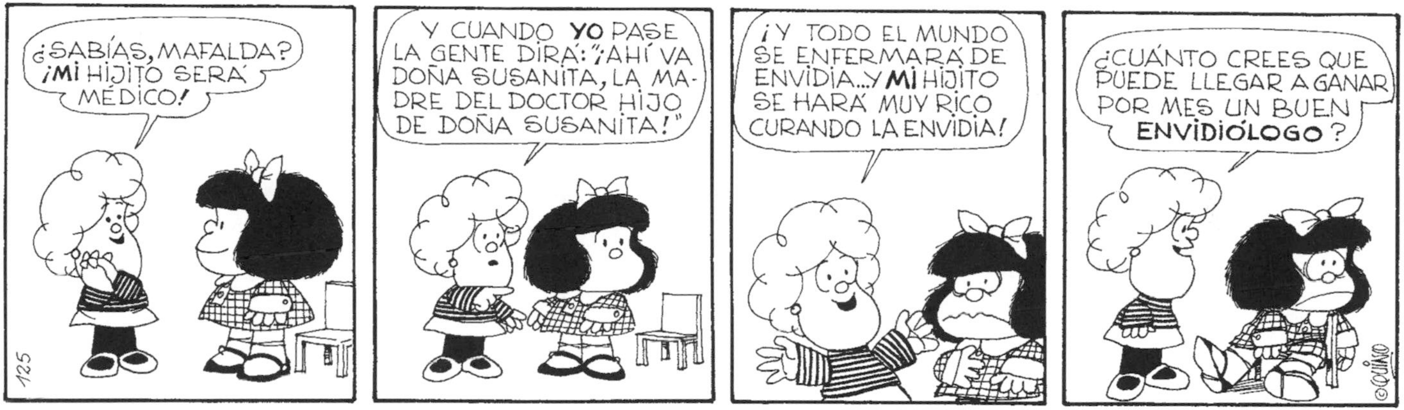

¿SABÍAS, MAFALDA? ¡MI HIJITO SERÁ MÉDICO!
Y CUANDO YO PASE LA GENTE DIRÁ: "¡AHÍ VA DOÑA SUSANITA, LA MADRE DEL DOCTOR HIJO DE DOÑA SUSANITA!"
¡Y TODO EL MUNDO SE ENFERMARÁ DE ENVIDIA...Y MI HIJITO SE HARÁ MUY RICO CURANDO LA ENVIDIA!
¿CUÁNTO CREES QUE PUEDE LLEGAR A GANAR POR MES UN BUEN ENVIDIÓLOGO?
125
©QUINO

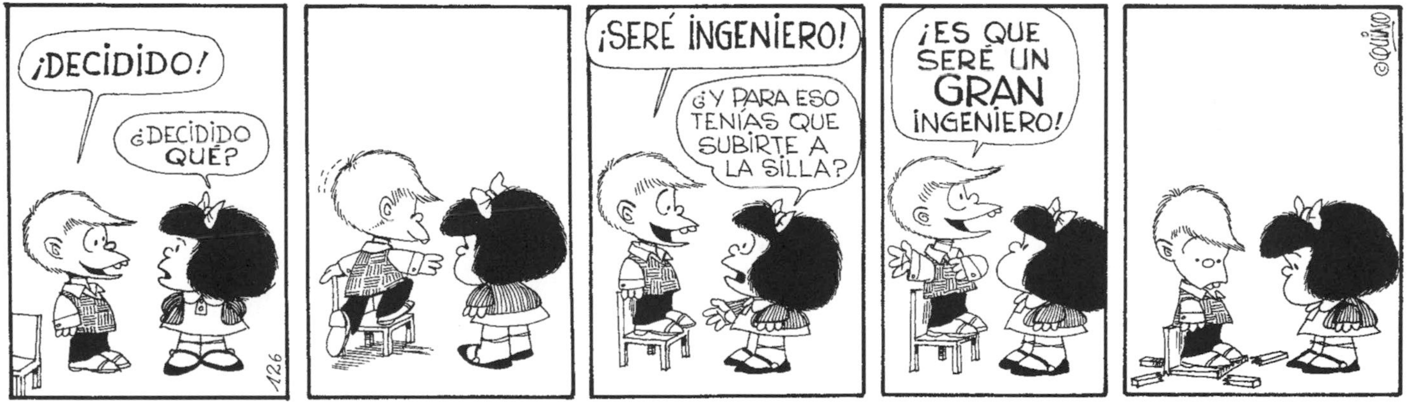

¡DECIDIDO!
¿DECIDIDO QUÉ?
126
¡SERÉ INGENIERO!
¿Y PARA ESO TENÍAS QUE SUBIRTE A LA SILLA?
¡ES QUE SERÉ UN GRAN INGENIERO!
©QUINO

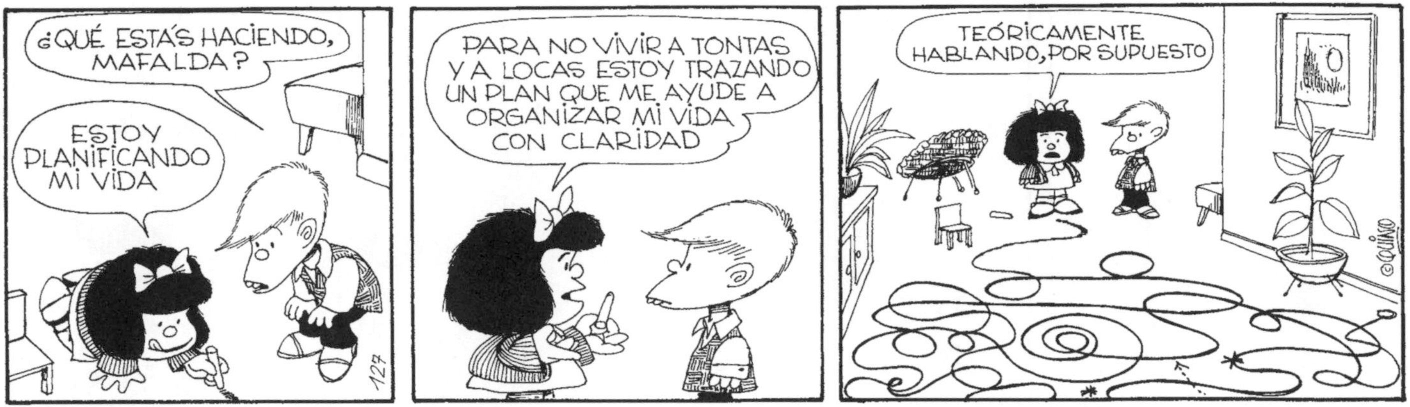
¿QUÉ ESTÁS HACIENDO, MAFALDA?
ESTOY PLANIFICANDO MI VIDA
127
PARA NO VIVIR A TONTAS Y A LOCAS ESTOY TRAZANDO UN PLAN QUE ME AYUDE A ORGANIZAR MI VIDA CON CLARIDAD
TEÓRICAMENTE HABLANDO, POR SUPUESTO
©QUINO

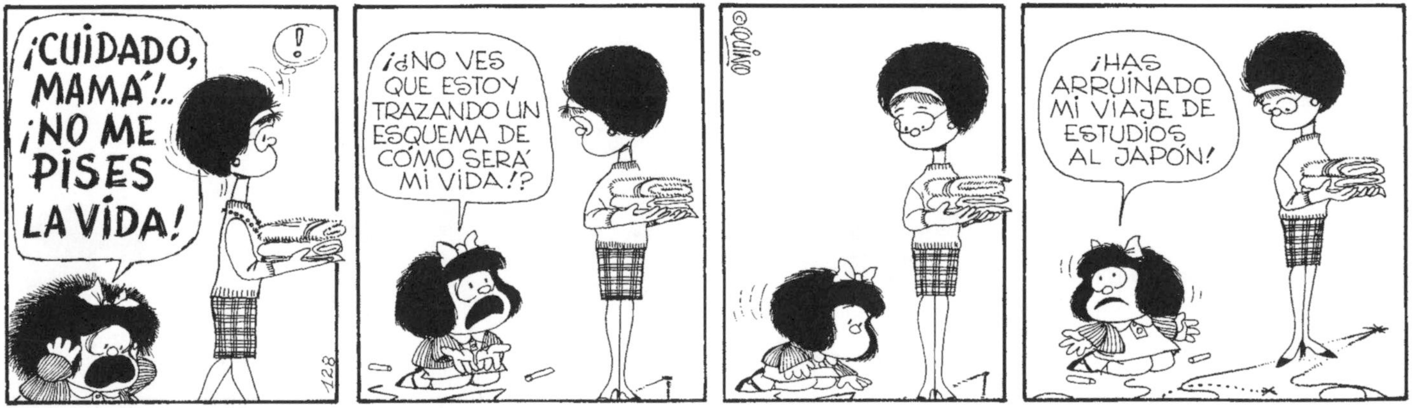
¡CUIDADO, MAMÁ!.. ¡NO ME PISES LA VIDA!
!
128
¡¿NO VES QUE ESTOY TRAZANDO UN ESQUEMA DE CÓMO SERÁ MI VIDA!?
©QUINO
¡HAS ARRUINADO MI VIAJE DE ESTUDIOS AL JAPÓN!

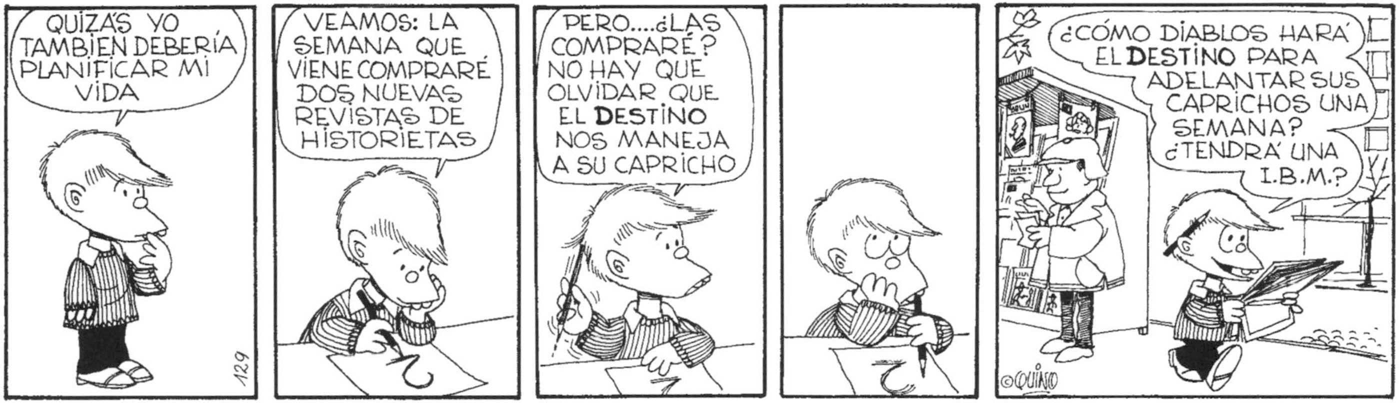
QUIZÁS YO TAMBIÉN DEBERÍA PLANIFICAR MI VIDA
129
VEAMOS: LA SEMANA QUE VIENE COMPRARÉ DOS NUEVAS REVISTAS DE HISTORIETAS
PERO....¿LAS COMPRARÉ? NO HAY QUE OLVIDAR QUE EL **DESTINO** NOS MANEJA A SU CAPRICHO
¿CÓMO DIABLOS HARÁ EL **DESTINO** PARA ADELANTAR SUS CAPRICHOS UNA SEMANA? ¿TENDRÁ UNA I.B.M.?
©QUINO

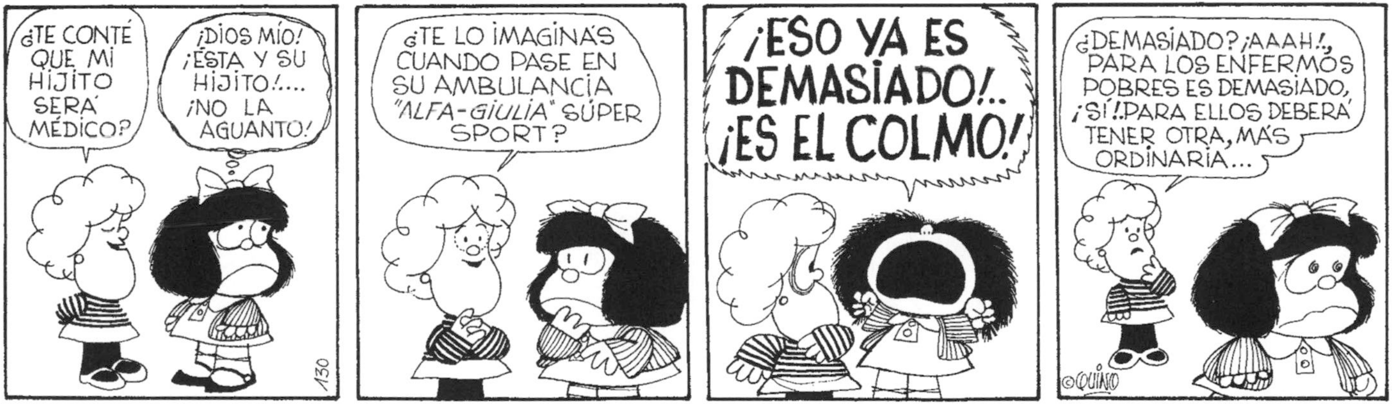
¿TE CONTÉ QUE MI HIJITO SERÁ MÉDICO?
¡DIOS MÍO! ¡ÉSTA Y SU HIJITO!.... ¡NO LA AGUANTO!
130
¿TE LO IMAGINÁS CUANDO PASE EN SU AMBULANCIA *"ALFA-GIULIA"* SÚPER SPORT?
¡ESO YA ES DEMASIADO!.. ¡ES EL COLMO!
¿DEMASIADO? ¡AAAH!, PARA LOS ENFERMOS POBRES ES DEMASIADO, ¡SÍ!. PARA ELLOS DEBERÁ TENER OTRA, MÁS ORDINARIA...
©QUINO

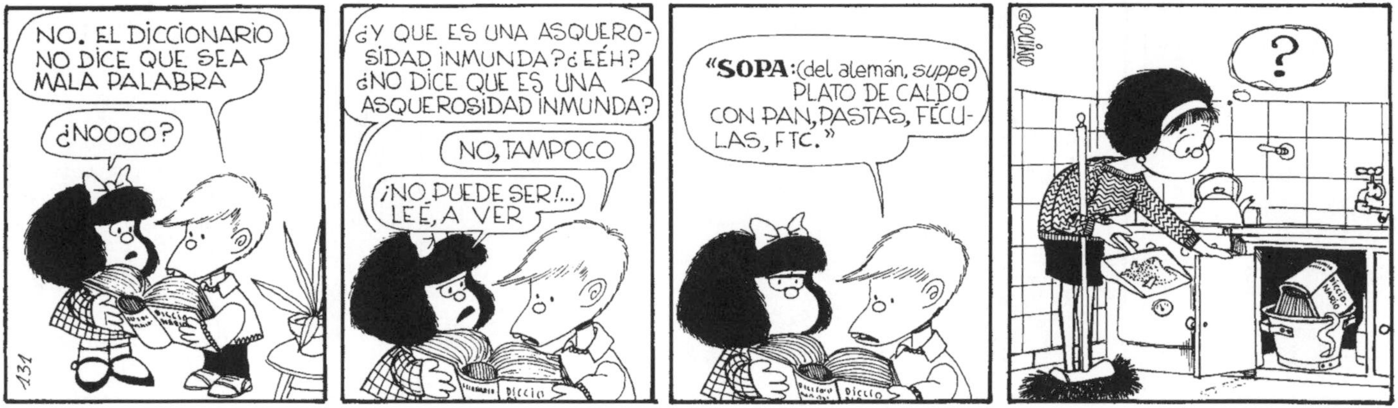

131
NO. EL DICCIONARIO NO DICE QUE SEA MALA PALABRA
¿NOOOO?
¿Y QUE ES UNA ASQUEROSIDAD INMUNDA? ¿EÉH? ¿NO DICE QUE ES UNA ASQUEROSIDAD INMUNDA?
NO, TAMPOCO
¡NO PUEDE SER!... LEÉ, A VER
"SOPA: (del alemán, *suppe*) PLATO DE CALDO CON PAN, PASTAS, FÉCULAS, ETC."
©QUINO
?

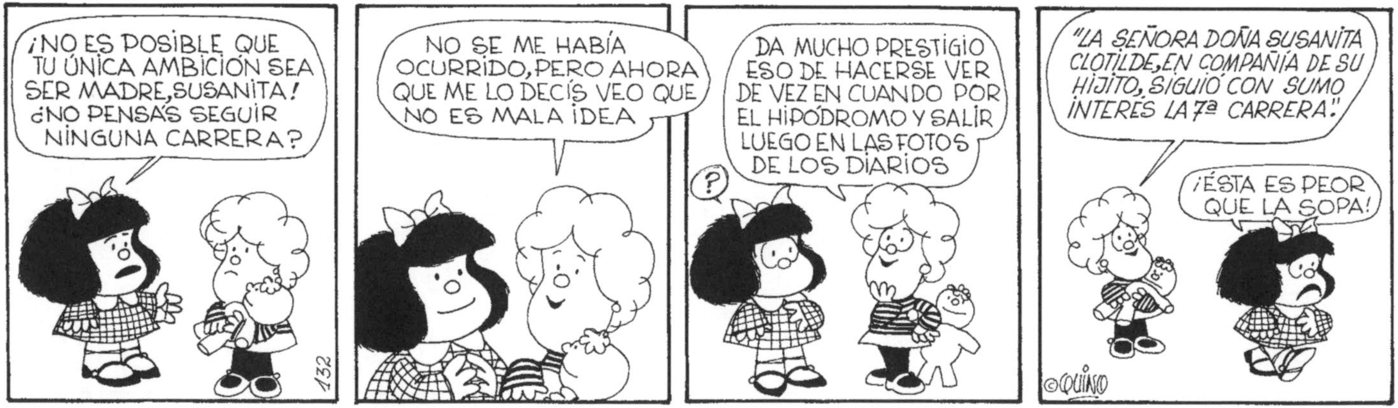

¡NO ES POSIBLE QUE TU ÚNICA AMBICIÓN SEA SER MADRE, SUSANITA! ¿NO PENSÁS SEGUIR NINGUNA CARRERA?
132
NO SE ME HABÍA OCURRIDO, PERO AHORA QUE ME LO DECÍS VEO QUE NO ES MALA IDEA
DA MUCHO PRESTIGIO ESO DE HACERSE VER DE VEZ EN CUANDO POR EL HIPÓDROMO Y SALIR LUEGO EN LAS FOTOS DE LOS DIARIOS
?
"LA SEÑORA DOÑA SUSANITA CLOTILDE, EN COMPAÑÍA DE SU HIJITO, SIGUIÓ CON SUMO INTERÉS LA 7ª CARRERA."
¡ÉSTA ES PEOR QUE LA SOPA!
©QUINO

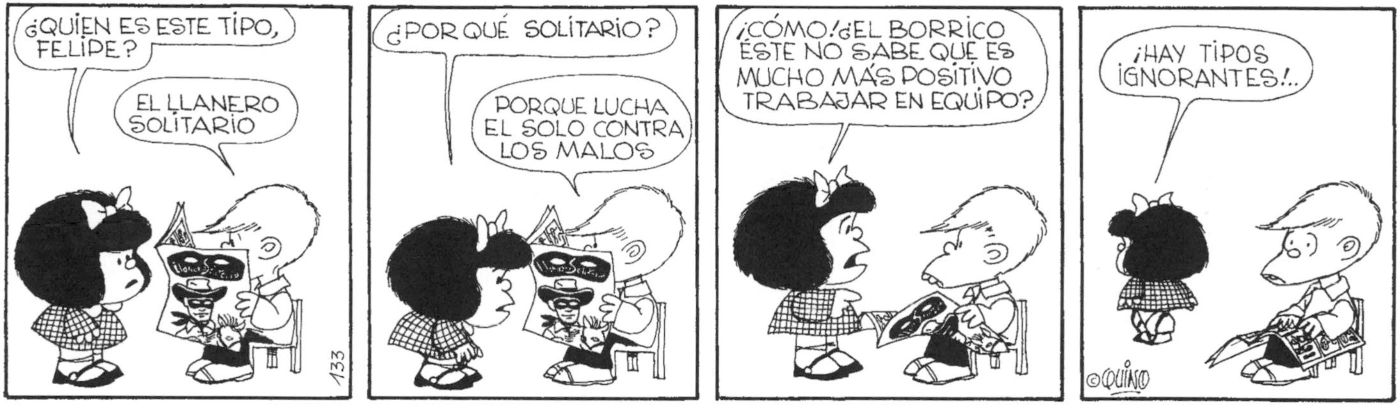
¿QUIEN ES ESTE TIPO, FELIPE?
EL LLANERO SOLITARIO
133
¿POR QUÉ SOLITARIO?
PORQUE LUCHA EL SOLO CONTRA LOS MALOS
¡CÓMO! ¿EL BORRICO ÉSTE NO SABE QUE ES MUCHO MÁS POSITIVO TRABAJAR EN EQUIPO?
¡HAY TIPOS IGNORANTES!..
©QUINO

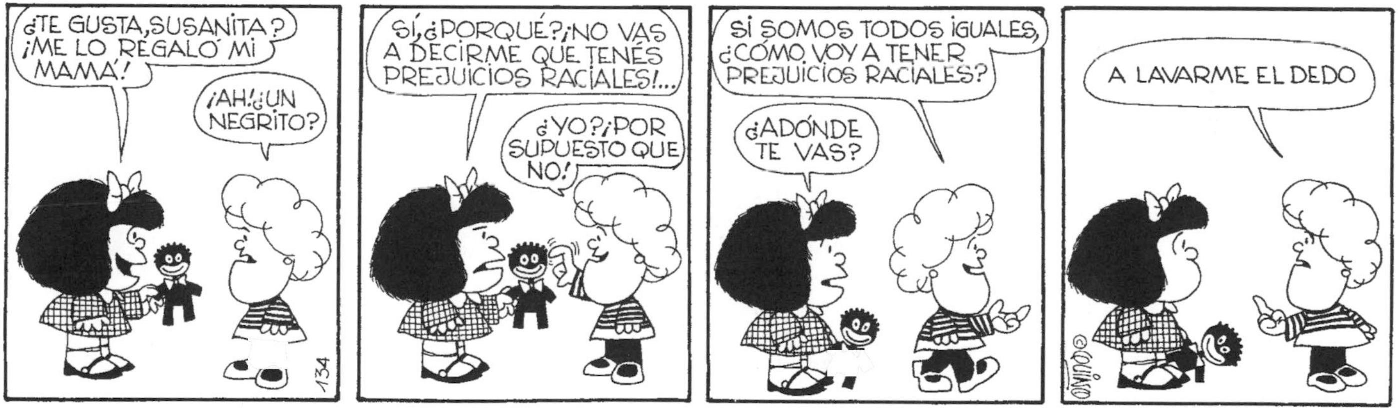
¿TE GUSTA, SUSANITA? ¡ME LO REGALÓ MI MAMÁ!
¡AH! ¿UN NEGRITO?
134
SÍ, ¿PORQUÉ? ¡NO VAS A DECIRME QUE TENÉS PREJUICIOS RACIALES!...
¿YO? ¡POR SUPUESTO QUE NO!
SI SOMOS TODOS IGUALES, ¿CÓMO VOY A TENER PREJUICIOS RACIALES?
¿ADÓNDE TE VAS?
A LAVARME EL DEDO
©QUINO

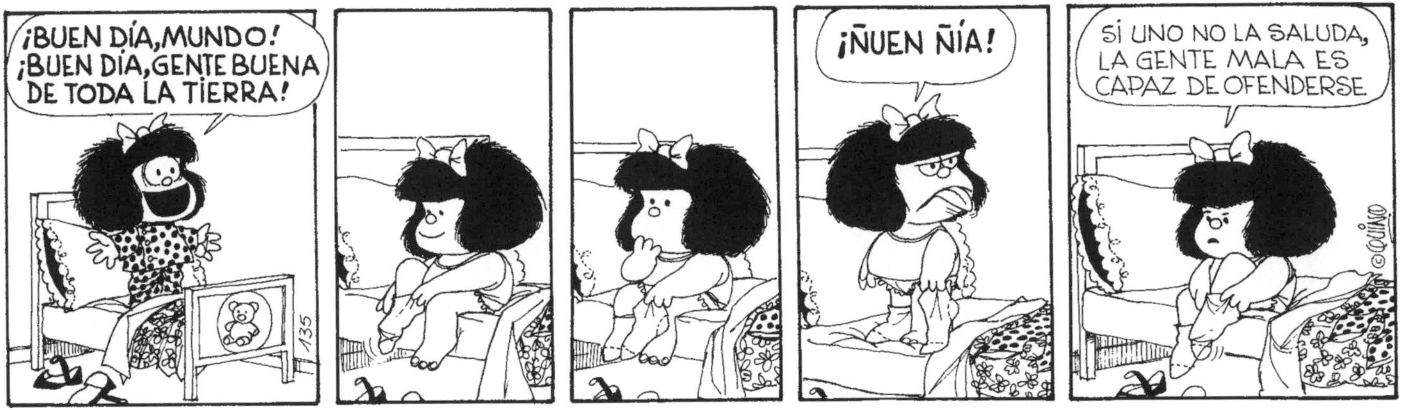
¡BUEN DÍA, MUNDO! ¡BUEN DÍA, GENTE BUENA DE TODA LA TIERRA!
135
¡ÑUEN ÑIA!
SI UNO NO LA SALUDA, LA GENTE MALA ES CAPAZ DE OFENDERSE
© QUINO

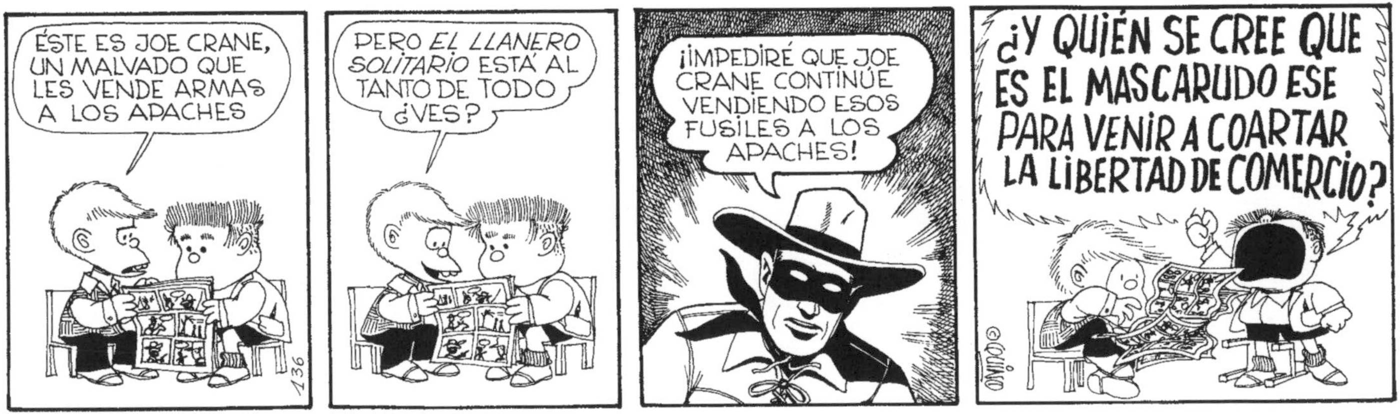
ÉSTE ES JOE CRANE, UN MALVADO QUE LES VENDE ARMAS A LOS APACHES
136
PERO *EL LLANERO SOLITARIO* ESTÁ AL TANTO DE TODO ¿VES?
¡IMPEDIRÉ QUE JOE CRANE CONTINÚE VENDIENDO ESOS FUSILES A LOS APACHES!
¿Y QUIÉN SE CREE QUE ES EL MASCARUDO ESE PARA VENIR A COARTAR LA LIBERTAD DE COMERCIO?
© QUINO

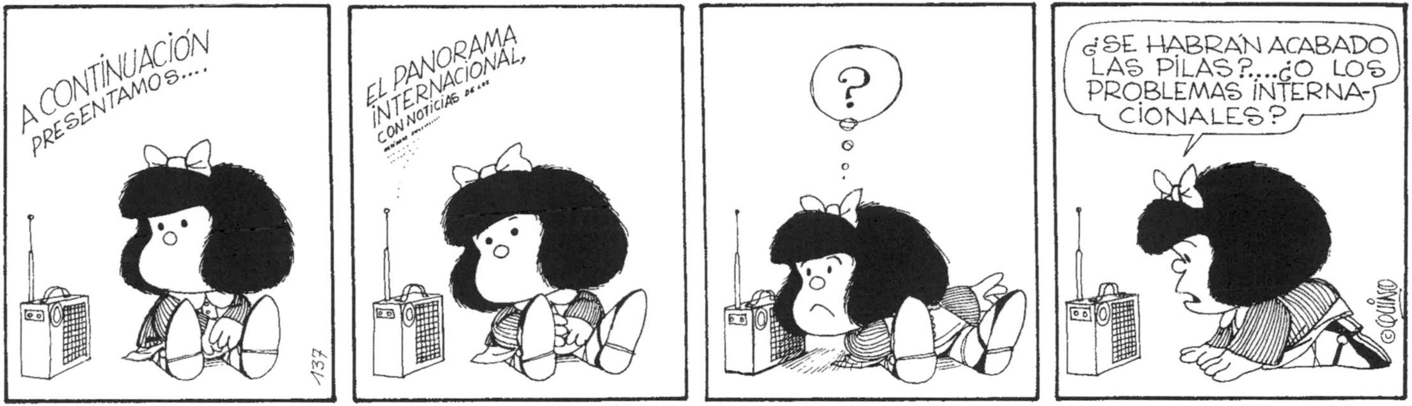
A CONTINUACIÓN PRESENTAMOS....
EL PANORAMA INTERNACIONAL, CON NOTICIAS DE LOS
?
¿SE HABRÁN ACABADO LAS PILAS?....¿O LOS PROBLEMAS INTERNACIONALES?
137

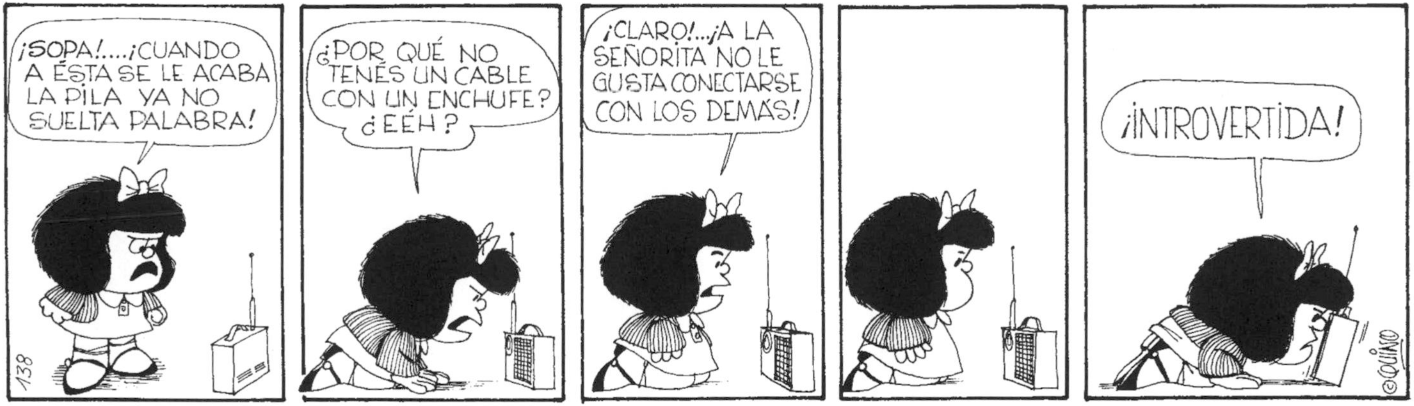
¡SOPA!....¡CUANDO A ÉSTA SE LE ACABA LA PILA YA NO SUELTA PALABRA!
¿POR QUÉ NO TENÉS UN CABLE CON UN ENCHUFE? ¿EÉH?
¡CLARO!...¡A LA SEÑORITA NO LE GUSTA CONECTARSE CON LOS DEMÁS!
¡INTROVERTIDA!
138

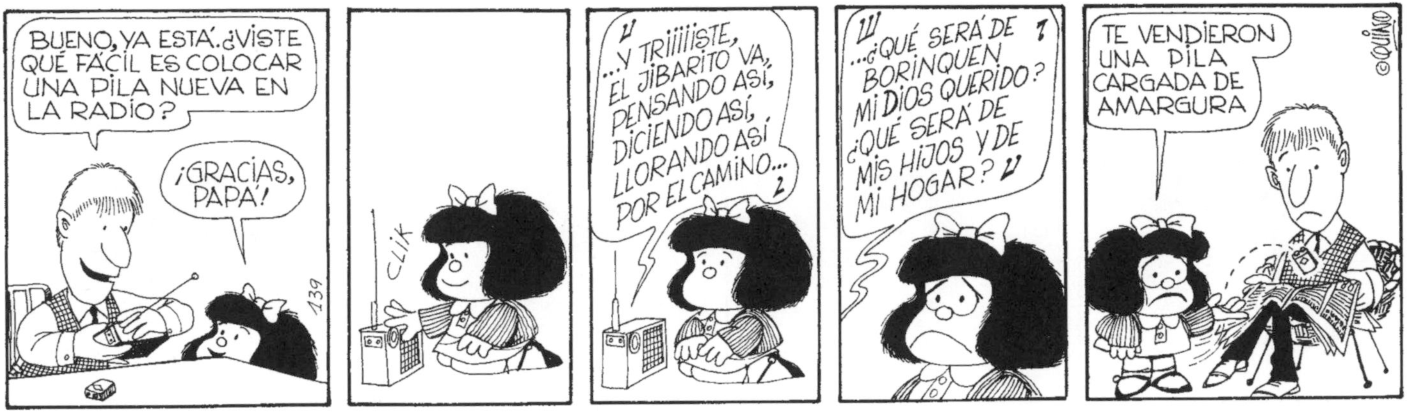
BUENO, YA ESTÁ. ¿VISTE QUÉ FÁCIL ES COLOCAR UNA PILA NUEVA EN LA RADIO?
¡GRACIAS, PAPÁ!
139
CLIK
...Y TRIIIIISTE, EL JIBARITO VA, PENSANDO ASÍ, DICIENDO ASÍ, LLORANDO ASÍ POR EL CAMINO...
...¿QUÉ SERÁ DE BORINQUEN MI DIOS QUERIDO? ¿QUÉ SERÁ DE MIS HIJOS Y DE MI HOGAR?
TE VENDIERON UNA PILA CARGADA DE AMARGURA
©QUINO

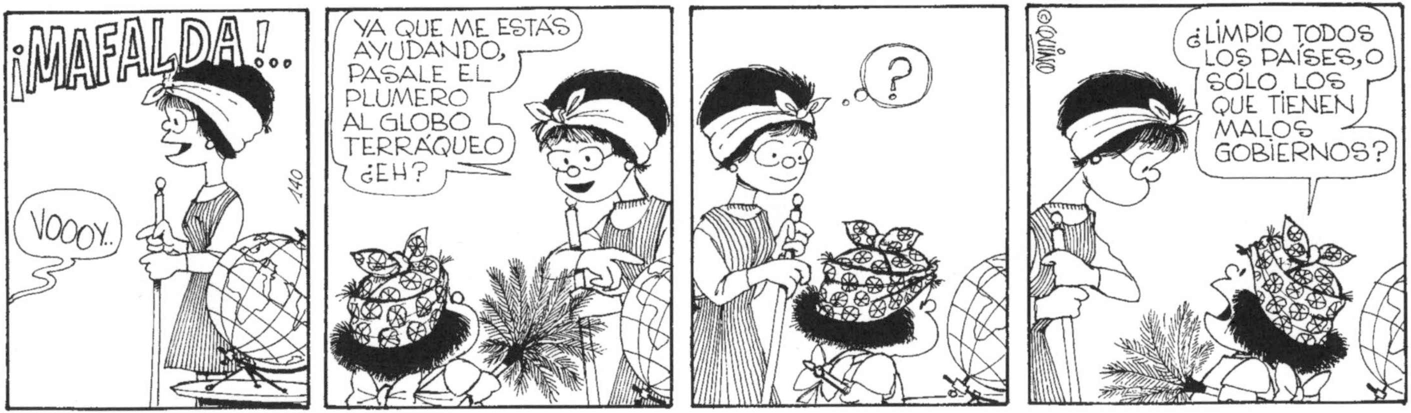
¡MAFALDA!...
VOOOY..
140
YA QUE ME ESTÁS AYUDANDO, PASALE EL PLUMERO AL GLOBO TERRÁQUEO ¿EH?
?
©QUINO
¿LIMPIO TODOS LOS PAÍSES, O SÓLO LOS QUE TIENEN MALOS GOBIERNOS?

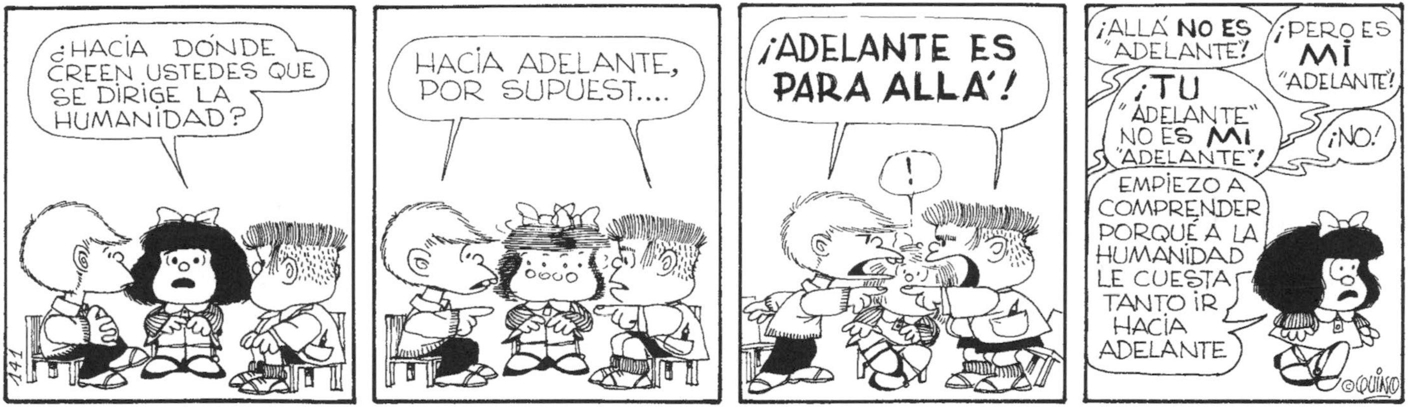
141
¿HACIA DÓNDE CREEN USTEDES QUE SE DIRIGE LA HUMANIDAD?
HACIA ADELANTE, POR SUPUEST....
¡ADELANTE ES PARA ALLÁ!
!
¡ALLÁ NO ES "ADELANTE"!
¡PERO ES MI "ADELANTE"!
¡TU "ADELANTE" NO ES MI "ADELANTE"!
¡NO!
EMPIEZO A COMPRENDER PORQUÉ A LA HUMANIDAD LE CUESTA TANTO IR HACIA ADELANTE
©QUINO

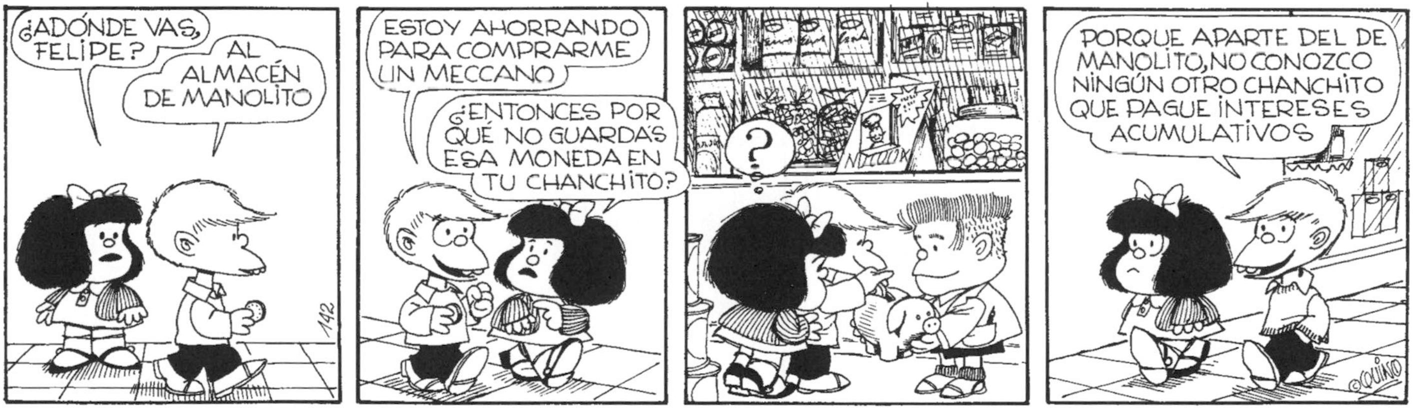
¿ADÓNDE VAS, FELIPE?
AL ALMACÉN DE MANOLITO
142
ESTOY AHORRANDO PARA COMPRARME UN MECCANO
¿ENTONCES POR QUÉ NO GUARDÁS ESA MONEDA EN TU CHANCHITO?
?
PORQUE APARTE DEL DE MANOLITO, NO CONOZCO NINGÚN OTRO CHANCHITO QUE PAGUE INTERESES ACUMULATIVOS
©QUINO

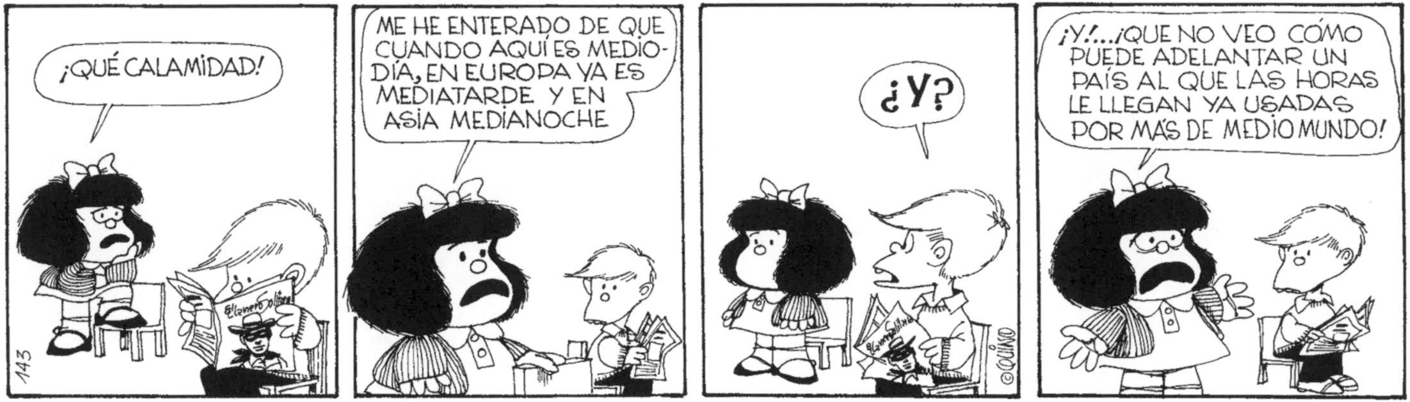
143
¡QUÉ CALAMIDAD!
ME HE ENTERADO DE QUE CUANDO AQUÍ ES MEDIODÍA, EN EUROPA YA ES MEDIATARDE Y EN ASIA MEDIANOCHE
¿Y?
©QUINO
¡Y!...¡QUE NO VEO CÓMO PUEDE ADELANTAR UN PAÍS AL QUE LAS HORAS LE LLEGAN YA USADAS POR MÁS DE MEDIO MUNDO!

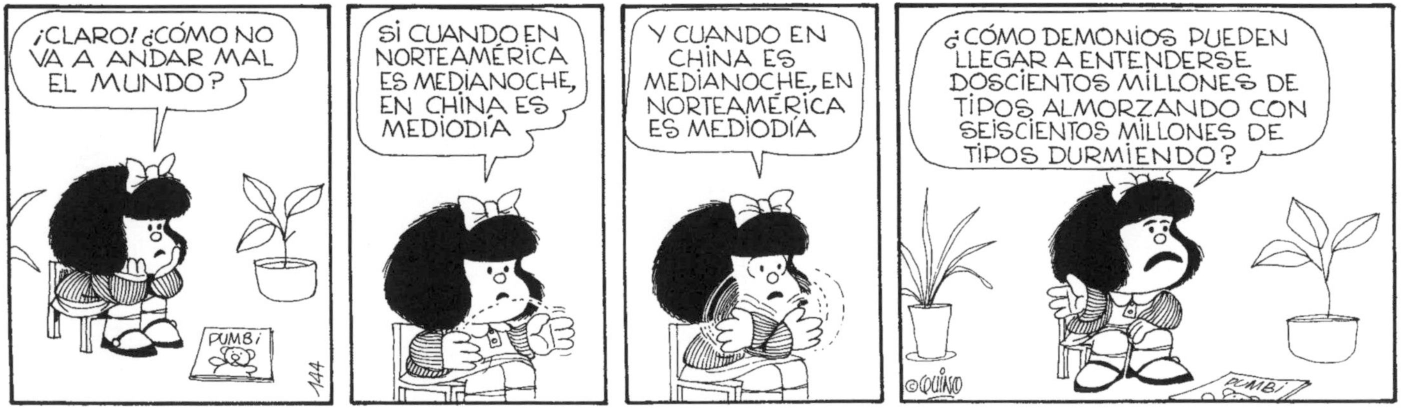
¡CLARO! ¿CÓMO NO VA A ANDAR MAL EL MUNDO?
PUMBI
144
SI CUANDO EN NORTEAMÉRICA ES MEDIANOCHE, EN CHINA ES MEDIODÍA
Y CUANDO EN CHINA ES MEDIANOCHE, EN NORTEAMÉRICA ES MEDIODÍA
¿CÓMO DEMONIOS PUEDEN LLEGAR A ENTENDERSE DOSCIENTOS MILLONES DE TIPOS ALMORZANDO CON SEISCIENTOS MILLONES DE TIPOS DURMIENDO?
©QUINO
PUMBI

ES UNA CARTA IMPORTANTE, FELIPE. ¡POR FAVOR, ESCRIBÍMELA!
BUENO, ESTÁ BIEN. DAME
"AL SR. SECRETARIO GENERAL DE LA **UN**: CONSIDERANDO QUE CUANDO EN WASHINGTON Y LONDRES ES DE DÍA,...."
!
"...EN MOSCÚ Y PEKÍN ES DE NOCHE,...¿HA PENSADO USTED QUE TAL VEZ...."
"...LO QUE DIVIDE AL MUNDO NO ES LA POLÍTICA, SINO LA CAMA?"
145
©QUINO

PAPÁ...
¿HÚH?
LOS CHINOS SON UN PELIGRO PARA EL MUNDO OCCIDENTAL, ¿NO?
SSSÍ
146
Y AHORA QUE PARA NOSOTROS ES DE NOCHE Y ESTAMOS DESCANSANDO,..
..PARA ELLOS ES DE DÍA Y **ESTÁN TRABAJANDO**, ¿NO?
SÍ, CLAR....
!
©QUINO

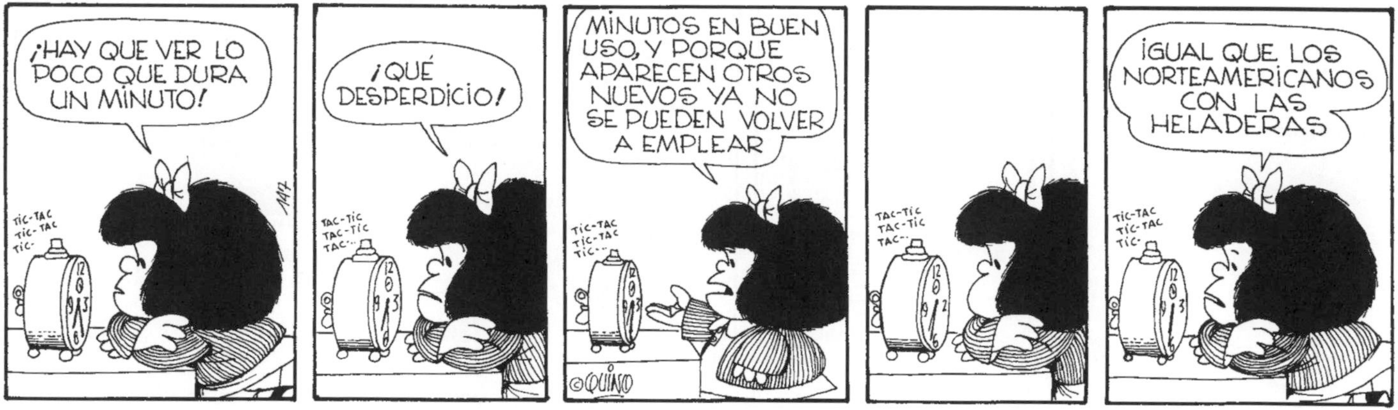
¡HAY QUE VER LO POCO QUE DURA UN MINUTO!
TIC-TAC TIC-TAC TIC-
147
¡QUÉ DESPERDICIO!
TAC-TIC TAC-TIC TAC-...
MINUTOS EN BUEN USO, Y PORQUE APARECEN OTROS NUEVOS YA NO SE PUEDEN VOLVER A EMPLEAR
TIC-TAC TIC-TAC TIC-...
©QUINO
TAC-TIC TAC-TIC TAC-...
IGUAL QUE LOS NORTEAMERICANOS CON LAS HELADERAS
TIC-TAC TIC-TAC TIC-

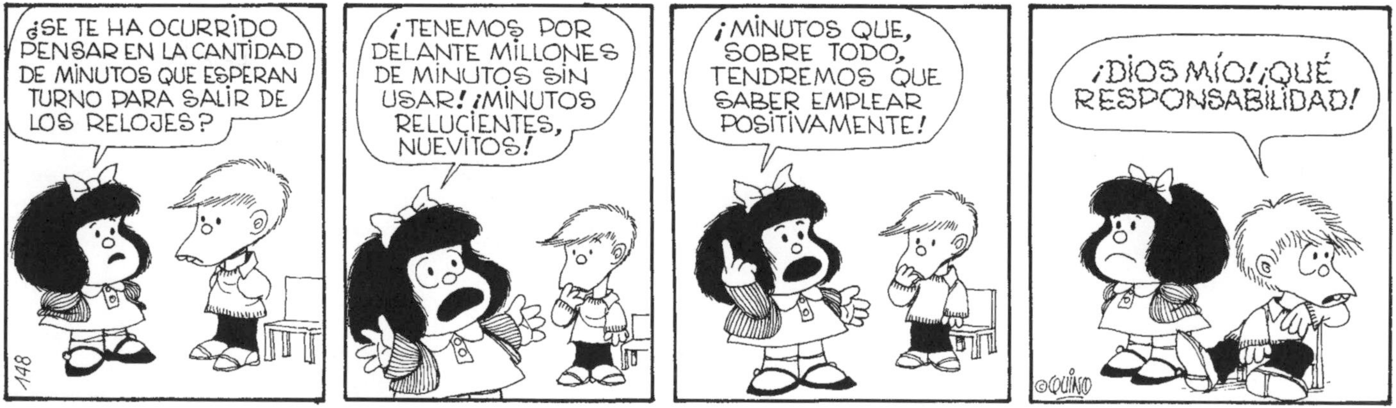
¿SE TE HA OCURRIDO PENSAR EN LA CANTIDAD DE MINUTOS QUE ESPERAN TURNO PARA SALIR DE LOS RELOJES?
148
¡TENEMOS POR DELANTE MILLONES DE MINUTOS SIN USAR! ¡MINUTOS RELUCIENTES, NUEVITOS!
¡MINUTOS QUE, SOBRE TODO, TENDREMOS QUE SABER EMPLEAR POSITIVAMENTE!
¡DIOS MÍO! ¡QUÉ RESPONSABILIDAD!
©QUINO

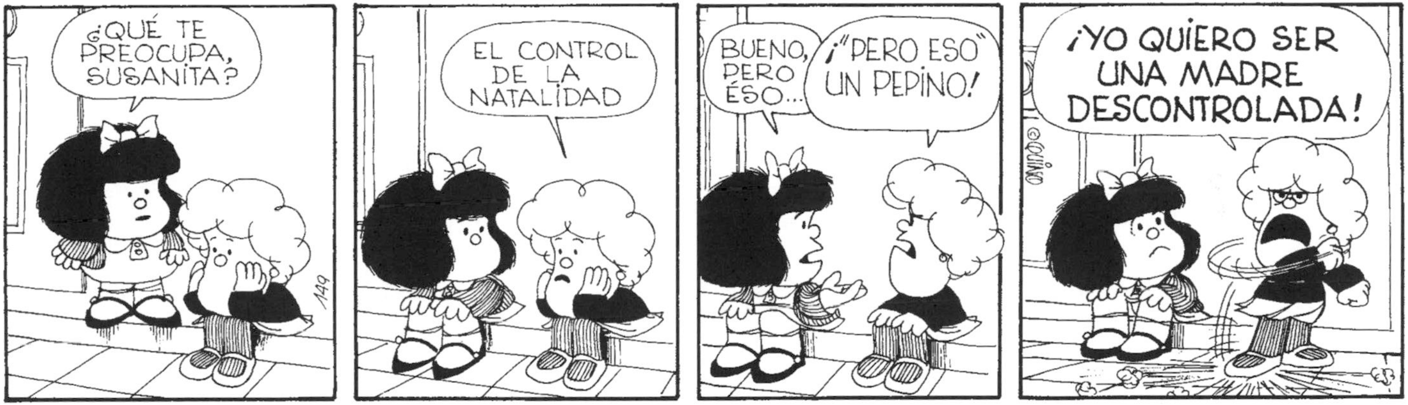
¿QUÉ TE PREOCUPA, SUSANITA?
149
EL CONTROL DE LA NATALIDAD
BUENO, PERO ÉSO...
¡"PERO ESO" UN PEPINO!
©QUINO
¡YO QUIERO SER UNA MADRE DESCONTROLADA!

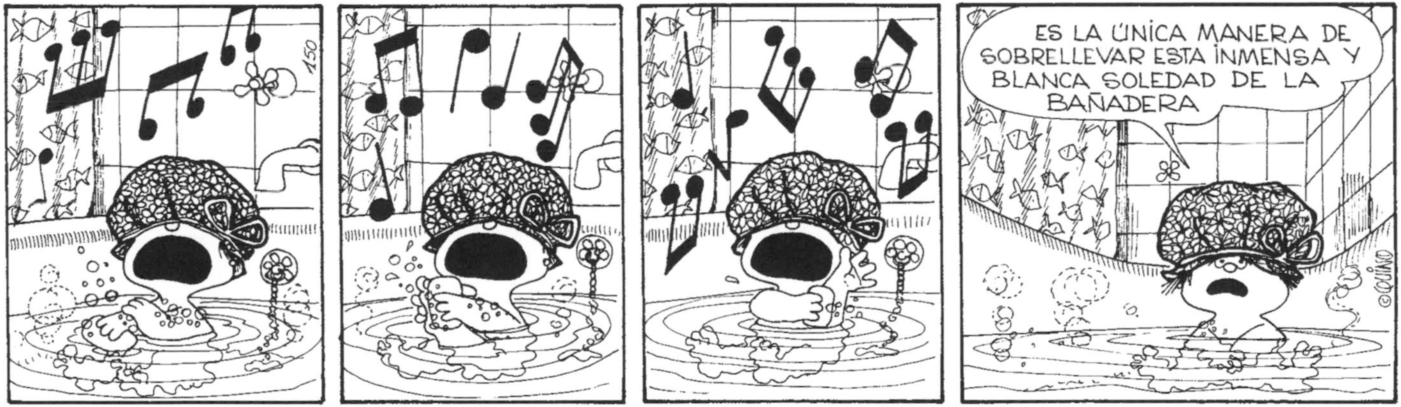
150
ES LA ÚNICA MANERA DE SOBRELLEVAR ESTA INMENSA Y BLANCA SOLEDAD DE LA BAÑADERA
©QUINO

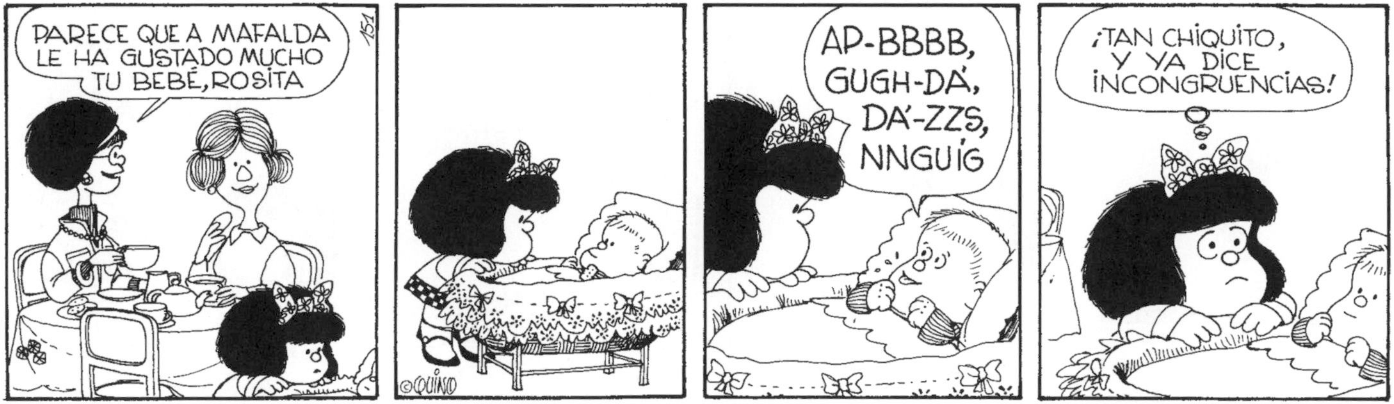
151
PARECE QUE A MAFALDA LE HA GUSTADO MUCHO TU BEBÉ, ROSITA
©QUINO
AP-BBBB, GUGH-DÁ, DÁ-ZZS, NNGUÍG
¡TAN CHIQUITO, Y YA DICE INCONGRUENCIAS!

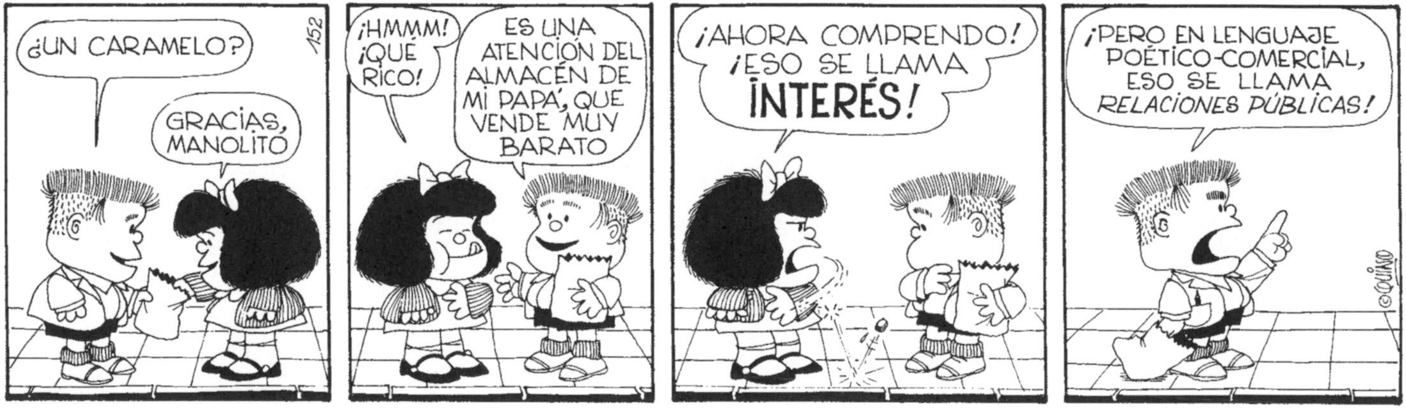
152
¿UN CARAMELO?
GRACIAS, MANOLITO
¡HMMM! ¡QUÉ RICO!
ES UNA ATENCIÓN DEL ALMACÉN DE MI PAPÁ, QUE VENDE MUY BARATO
¡AHORA COMPRENDO! ¡ESO SE LLAMA INTERÉS!
¡PERO EN LENGUAJE POÉTICO-COMERCIAL, ESO SE LLAMA *RELACIONES PÚBLICAS*!
©QUINO

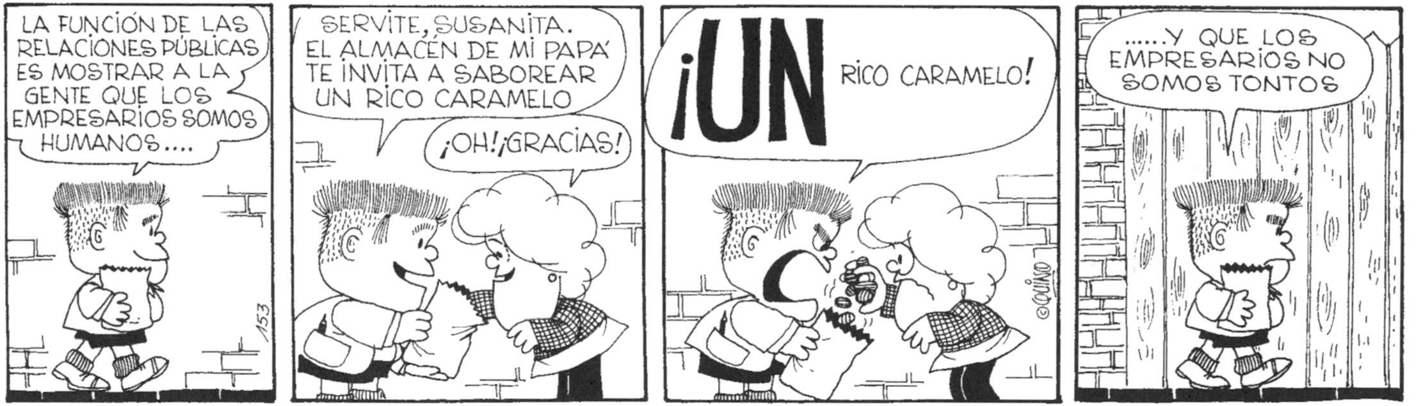
LA FUNCIÓN DE LAS RELACIONES PÚBLICAS ES MOSTRAR A LA GENTE QUE LOS EMPRESARIOS SOMOS HUMANOS....
153
SERVITE, SUSANITA. EL ALMACÉN DE MI PAPÁ TE INVITA A SABOREAR UN RICO CARAMELO
¡OH! ¡GRACIAS!
¡UN RICO CARAMELO!
©QUINO
.....Y QUE LOS EMPRESARIOS NO SOMOS TONTOS

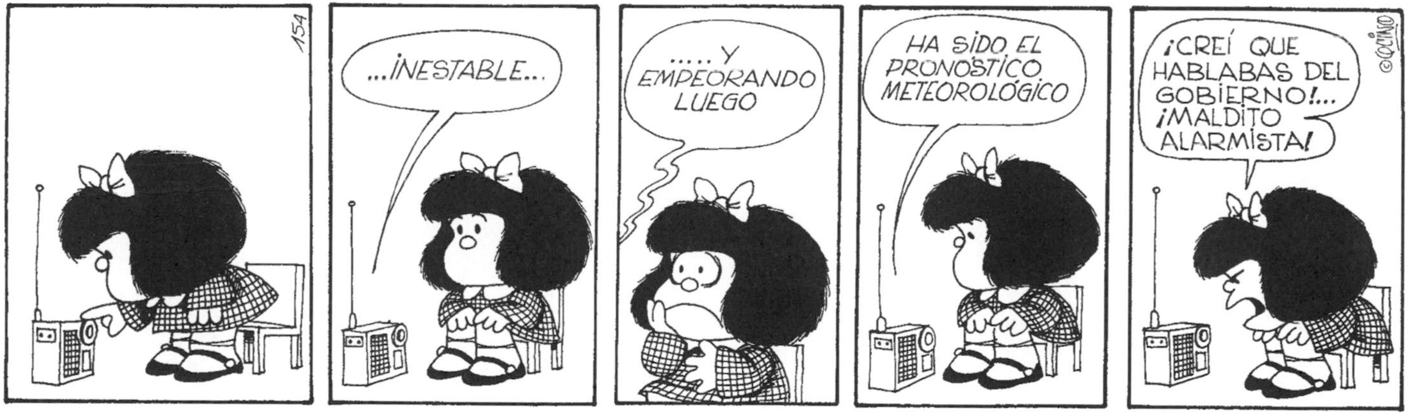
154
...INESTABLE...
.....Y EMPEORANDO LUEGO
HA SIDO EL PRONÓSTICO METEOROLÓGICO
¡CREÍ QUE HABLABAS DEL GOBIERNO!... ¡MALDITO ALARMISTA!
©QUINO

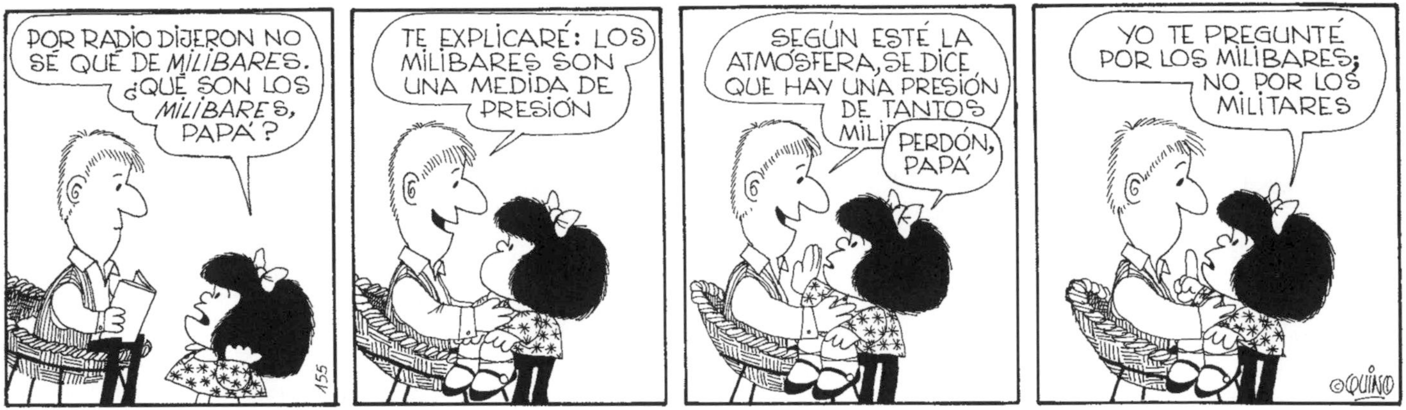
POR RADIO DIJERON NO SÉ QUÉ DE *MILIBARES*. ¿QUÉ SON LOS *MILIBARES*, PAPÁ?
155
TE EXPLICARÉ: LOS MILIBARES SON UNA MEDIDA DE PRESIÓN
SEGÚN ESTÉ LA ATMÓSFERA, SE DICE QUE HAY UNA PRESIÓN DE TANTOS MILI
PERDÓN, PAPÁ
YO TE PREGUNTÉ POR LOS MILIBARES; NO POR LOS MILITARES
©QUINO

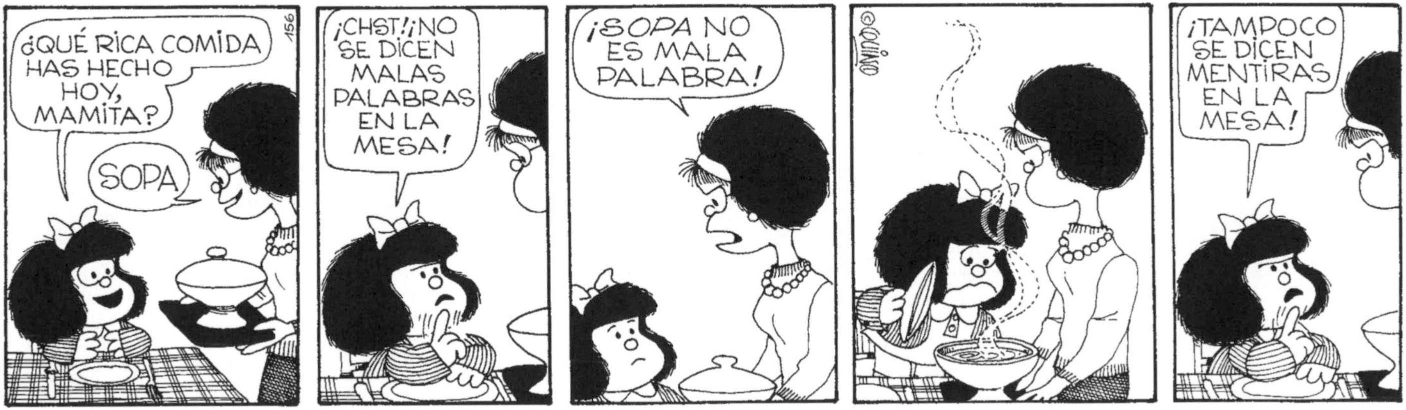
¿QUÉ RICA COMIDA HAS HECHO HOY, MAMITA?
156
SOPA
¡CHST! ¡NO SE DICEN MALAS PALABRAS EN LA MESA!
¡*SOPA* NO ES MALA PALABRA!
©QUINO
¡TAMPOCO SE DICEN MENTIRAS EN LA MESA!

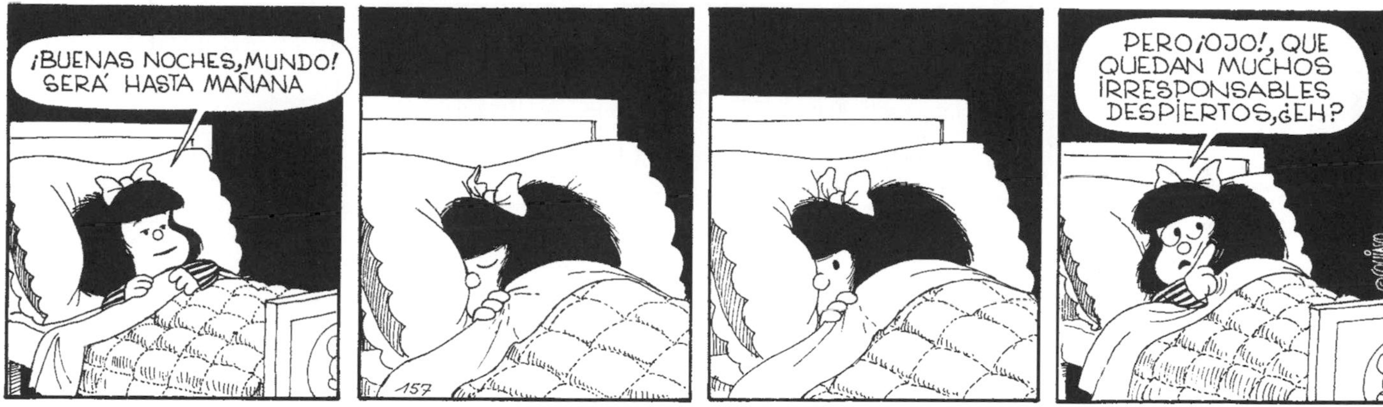
¡BUENAS NOCHES, MUNDO! SERÁ HASTA MAÑANA
157
PERO ¡OJO!, QUE QUEDAN MUCHOS IRRESPONSABLES DESPIERTOS, ¿EH?

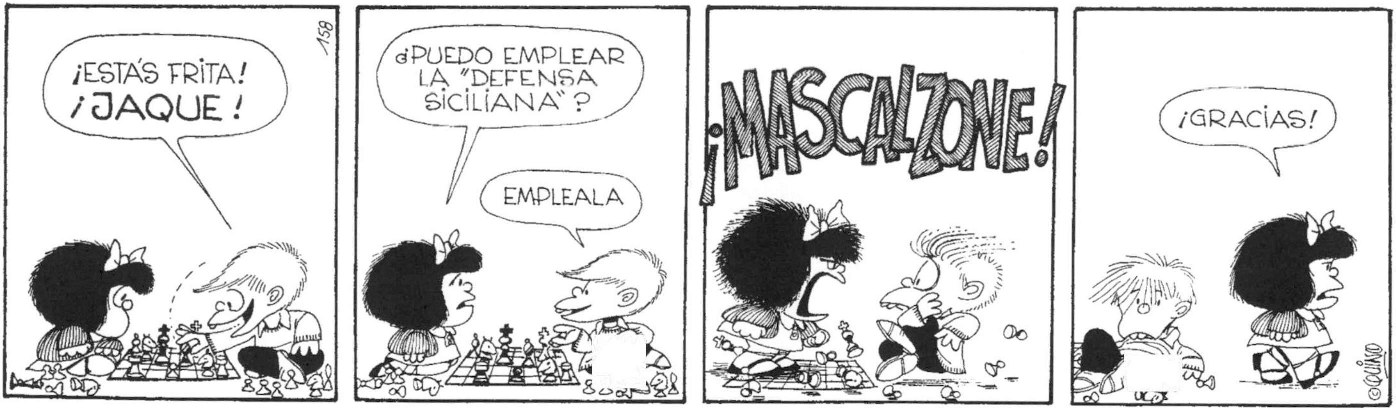
158
¡ESTÁS FRITA! ¡JAQUE!
¿PUEDO EMPLEAR LA "DEFENSA SICILIANA"?
EMPLEALA
¡MASCALZONE!
¡GRACIAS!

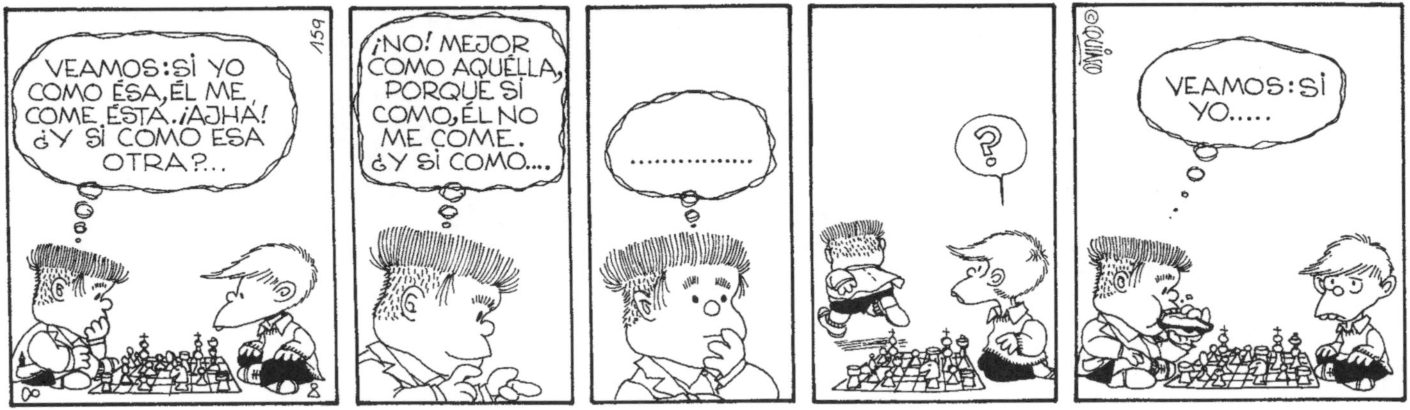
159
VEAMOS: SÍ YO COMO ÉSA, ÉL ME COME ÉSTA. ¡AJHÁ! ¿Y SI COMO ESA OTRA?...
¡NO! MEJOR COMO AQUÉLLA, PORQUE SI COMO, ÉL NO ME COME. ¿Y SI COMO....
....
?
VEAMOS: SI YO.....
©QUINO

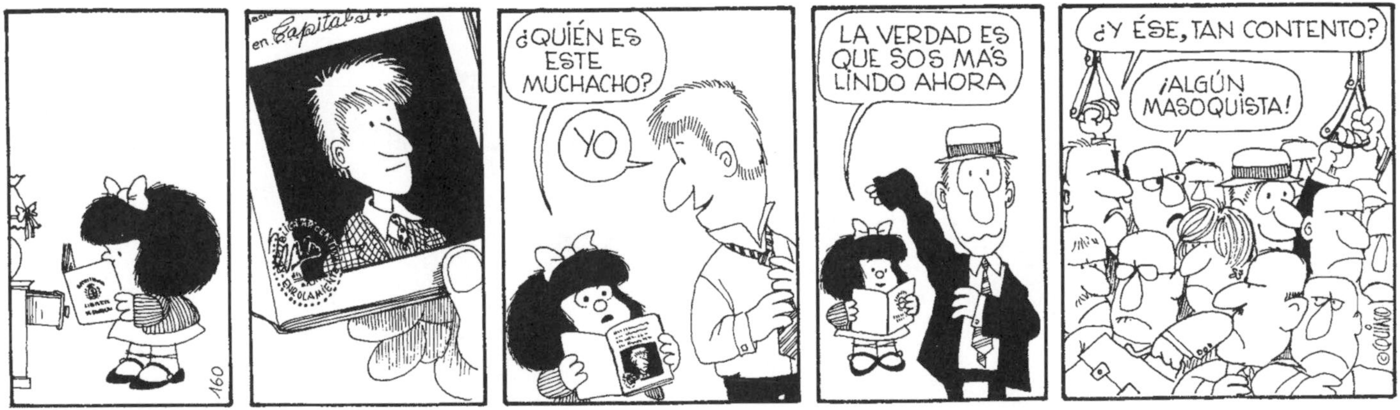
160
¿QUIÉN ES ESTE MUCHACHO?
YO
LA VERDAD ES QUE SOS MÁS LINDO AHORA
¿Y ÉSE, TAN CONTENTO?
¡ALGÚN MASOQUISTA!
©QUINO

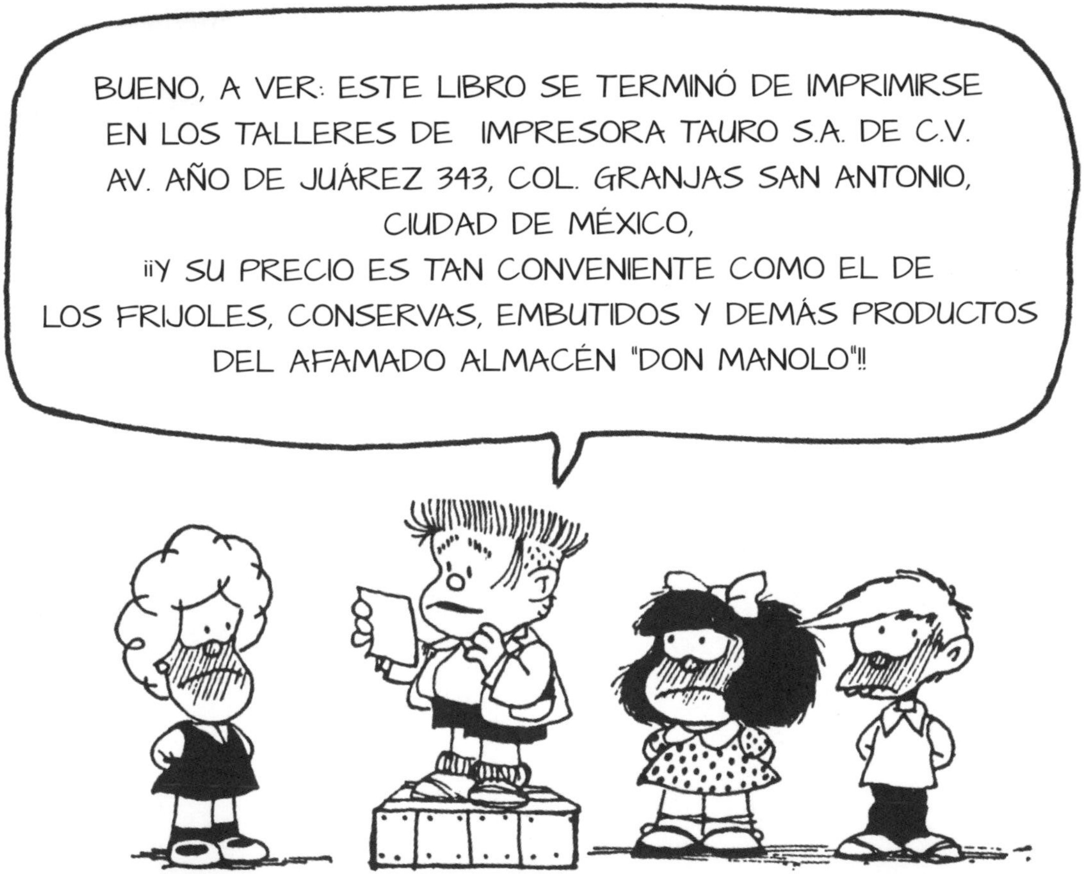
BUENO, A VER: ESTE LIBRO SE TERMINÓ DE IMPRIMIRSE
EN LOS TALLERES DE IMPRESORA TAURO S.A. DE C.V.
AV. AÑO DE JUÁREZ 343, COL. GRANJAS SAN ANTONIO,
CIUDAD DE MÉXICO,
¡¡Y SU PRECIO ES TAN CONVENIENTE COMO EL DE
LOS FRIJOLES, CONSERVAS, EMBUTIDOS Y DEMÁS PRODUCTOS
DEL AFAMADO ALMACÉN "DON MANOLO"!!